棄児・離婚・DV・非行……を救うセーフティネット

# 家族をこえる子育て

渥美雅子◉編著

工作舎

目次

## 第2章 親のない子を育てる親［里親制度と養子制度］

## 第5章 非行少年の気づきのために［被害者との対話による関係修復］　山田由紀子

## 逆境の彼方の輝きをもとめて

あなたが今家庭の中で幸せならばこの本を読む必要はない。

良い親、良い夫、良い妻、良い子どもたちに囲まれて暮らしているなら何も考えなくていい。そして、それがこれからもずっと続いていくなら。

だが、なかなかそうは問屋が卸さない。その問屋が卸さない所からこの本は始まる。

子捨て、子殺し、里親、里子、特別養子、未成年後見、家庭不和の中で育てられた子ども、非行に走った子ども、はたから見ればひどい環境、可哀相な子どもたち、決して順風満帆ではない養育環境。むしろ逆風満帆の中で、それでも子どもは育ってゆく。

そこを原点に子育てのあり方を見つめてみたい。むしろそこを原点にして子育てとは何か、人間の成長とは何かを考えてみる時、今まで緑の地平線までしか見えていなかったその向こうに荒野を駆ける命の輝きが見えてくるのではないか。

そんな願いを抱きながら、私たちは、子育てに失敗した親や、社会に適応できない子どもたちにかかわる仕事をしてきた。ひとりひとりの立場は違うが、それぞれの立場から日ごろ感じている問題を提起し、また新しい提言をしてみようというのが、この本の狙いである。

三十数年前に私の法律事務所を拠点にして「家族問題研究会」という会がスタートした。会員は学者や法律実務家、教師、臨床心理士、医師、調停委員など二五名程度。月に一回、会員の中の誰かがレポーターをつとめる形で進められてきた。専門家の集まりとはいえ、それぞれ分野を異にした学際的な集まりである。それだけに会員同士、隣接分野から学ぶことは多くあった。今回この本を上梓したのは、お互いが得た知識・経験をこのまま会員だけで独占しておくのはもったいないのではないかと考えたからである。

家族関係に悩みを持つあなた、仕事でその悩みを聞き解決に向けて手助けをする立場にあるあなた、そういう方々にぜひ読んでいただきたい。

そしてこれまで当たり前だとか、仕方がない、と考えられてきた地平線の向こうに、何かしら違う輝きを見つけていただければ幸いである。

何の悩みもないあなたは読まなくていい。

ただ、暇つぶしに読んでみて「そうだ、少子化解消の鍵はこんなところにあるかも」と思わぬ発見をしてくださるなら望外の喜びである。

執筆者代表　渥美雅子

# 第1章

—

# 窮極のセーフティネット

［親はなくとも子は育つ社会を］

大塚喜一＋渥美雅子

# 1――間引きを見かねた子育て善兵衛

千葉県は九十九里浜に近い成東町の話。時代は江戸から明治に移るころである。房総半島は太平洋に突き出した三角形の半島で、そのほとんどは丘陵地帯である。特産物はない。米作のみ。池など湖沼地帯はない。灌漑用の設備もない。米の収穫期には、二百十日、二百二十日の台風にみまわれる。農民は、その日限りのトッタカミタカの生活に追われていた。当時の九十九里浜には港はなかった。

近海漁業の浜は、海岸にコロという丸太を並べてその上に漁船を乗せて人力で押し出し、綱で引くという原始的な形態しかなかった。船出には家族総出で船を押し出し、帰り船にはコロを使って引き上げるオッペシ（押し上げる意）が行われていた。収穫物は近海でとれる鰯が主で、食用として換金できるものはなく、関西の茶畑の肥やし（金肥）として出荷され換金されていた。

徳川幕府の政策としてこのあたりには大名はおかれなかった。天領・旗本領に百を越える分割細分化がされていた。産業の保護育成のための統一行政は望むべくもなかった。

そのうえ公租公課は、定免制度（耕地面積に応じて一定額の上納金を定める制度）ではなく検見取制（現実の収穫高に応じて上納金を定める制度。毎年もしくは二年に一回の割合で農地の収穫高を査定した制度）が行われていたため、農民は生かさず殺さずの扱いで蓄財をする余地はまったくなかった。こんな貧困の土地にあって、農民にとって嬰児は労働後継者となる者以外は不要のものであった。女の子でも誰かに売れるようになるまで育てる余裕もなかった。妊娠の中絶をしようにも、堕胎術も普及しておらず薬もなかった。胎児の生育をまって出産時に処理することが母胎のためにも最善の策と考えられていた。

これが、農作物の栽培で行われる「間引き」に名を借りて、そのまま「間引き」と呼ばれた。親や産婆によって、産み出された嬰児を、里芋の葉や、ぼろきれなどで窒息させて殺害するのである。

この風習は、九十九里地方のみならず関東一円の風習でもあったようで、幕末の農政家佐藤信淵は、関東一円において、年間三万人が間引きされていたと書いている。

仏教関係者はこの現状を憂え、百姓たちにこう諭したという。

田舎にて、貧乏人に子どもが多いのは生活の邪魔なりとして、産み落した時に、口を塞ぎて殺すことがあると聞く。まことにいたましいことである。いかにむごい親でも、わが子を瓜、茄子を潰すように殺すことは、可愛いとも不憫とも思わないあまりのことである。親が子を殺して報いがないはずはない。

罪も報いもないという考えはあさはかなことである。子どもも多いから貧乏するというものではない。子どもがなければ金持になるというものではない。子どもが身代の邪魔にならないことは芋をみればわかることである。親芋のまわりに子芋が多くつけば親芋も太って大きくなっていく。子芋がかければそこから親芋も腐っていく。人間もその通りであって、子どもは福分をもって生まれてくるのだから親のかせにはならないのである。

雉は子どもを暖めているときに火事にあってもそこを去らず焼け死ぬという。鶏もみずからの毛を抜いて卵を暖めるという。万物の霊長である人間においてをやである。子を育てるということは天からの下されものである。困窮のため、病弱の子を育てることができなければ、富豪の門前に捨てると聞く。その子が福分をもって育ち、思いのほか立身出世して親が楽隠居できたという話は世間にいくらでもあることである。間引くなどということは不吉なことである。近隣親類縁者友達などは早く意見してやめさせるべきである。子を救うことは堂塔建立などよりも大いなる功徳である。人の命は金銭で買えるものではない。この訳を良く合点して、人にも意見し、自身もつつしむべし。

しかし、貧しさは理屈を越える。宗教も越える。わかっていても食うや食わずの今を凌《しの》ぐためには口減らしをするしかない。

千葉県のあちこちの寺には間引きの絵馬がたくさん残されている。例えば、

**弘誓院《くぜいん》の絵馬**――千葉県の北総地帯の手賀沼の近くの真言宗の一寺弘誓院の本堂に残されている二畳ほどの大絵馬。すっかりはげ落ちて文字や本文を解読することは困難ではあるが、右下部には母親が赤子の顔を押さえて布切れをかぶせて殺害しているようすが、また画面上部には鬼女の顔が描かれている。

**笠森観音の絵馬**――千葉県西部の名刹笠森観音寺にも絵馬がある。明治二二年(1889)のもので、弘誓院のものよりやや新しい。絵馬の中央上部に金色に彩色された観音の立像が描かれ、その下に子を殺している母親像が描かれている。本文は判読困難。このころまで間引きの風習が続いていたのであろう。

この間引きの風習をやめさせ、赤子を救わんとして、山武郡の庄屋であった大高善兵衛は、自宅の門前に以下の貼り札を掲げた。

困窮にして育てかねの初生の児、又は父母のうち死去し寄る辺なき孤児あらば我らにあたうべし。厚着を省き、美食を減らしそうらいてこれを養育申すべき也。

この掲示がいつごろから出されたかは定かでないが、菩提寺光明寺の過去帳によれば、遅くとも嘉永七年（1854）にはこの活動が始まっていたようすがうかがわれる。

この事業は、大高家の小作米千俵・備蓄林四〇町歩・酒造六〇〇石の私財の提供を基礎とするものであった。

しかしこの事業に協力する者は出なかった。支配者である相給《あいきゅう》七家の旗本たち、地頭たちの中から賛同するものもいなかった。

すべて大高善兵衛個人ひとりの寄付と奉仕によったものであった。

明治期に入り、初代千葉県知事柴原和《やわら》は早くから間引き問題に関心を持ち、この根絶に熱意をもってあたった。

大高善兵衛の事業についても理解を示した。知事は明治二六年（1893）二月二八日、大高善兵衛を表彰し銀杯を与えている。そして新政府に働きかけて二万円の育児資金を獲得している。育児資金制度の創設である。しかし大高個人への資金援助はなされなかった。

大高の子育て事業はあくまで大高個人の財産によったものであった。明治二七年三月一二日、善兵衛は七三歳で死んだ。四〇年余にわたる大高の子育て事業はこれをもって終わった。死後も大高は「子育て善兵衛」と呼ばれている。

## 2――捨て子の救済、江戸から明治へ

江戸時代、このような施設、このような事業が他にあったのかないのか定かではないが、岡山の津山藩では、当時の津山藩主松平斉民《なりたみ》が天保年間(1830-44)に「育子院」構想を打ち出している。その構想というのは、以下のようなものである。

育子院の中央に役人が仕事をする部屋が数部屋、それに連続する小部屋が二つ、四方に往来の路を通し、路の両側に四畳敷位の小間を一つずつ、壁あるいは板囲へだてをし、小部屋ごとに乳母を一人か二人置き、また間には七、八畳敷位の部屋がある。これは小児に歯が生えたならば乳を止め、飲食で育てる七、八人の子どもを老婆二人に世話させるためである。いつ乳をやめるかは蘭方医に相談する。院の外には外面から引出附の箪笥のような箱を付けて置き、捨て子をするものが夜分ひそかに、その箱へ入れて置いたのを引上げ、乳母へ渡し養育させ、部屋ごとに何年何月何日から養育している旨掲榜《かけふだ》をしておりば、子を捨てた親たちも、その子がしだいに成長するのを悦び、そのつど、育子院を訪れて见学するだろう。成長するにつれて男子は小用(ちょっとした用事)などを申しつけ、女子は了守

などをさせれば、一人で食べていけるくらいの稼ぎはするものである。誰でも貰いたいものがあれば遣わし、貰うものがないものは大部屋に造りそのなかにいれ、それぞれ望みの職で稼がせ、おいおい結婚させて町や村に自由に稼ぎに行くよう申し付ける。

このころ、フランス、イタリア、中国などに親が顔を見られることなく匿名で子どもを捨て、その子たちを育てる機関ができていることから発想したものであろうが、じつは松平斉民がモデルとしてイメージしたのはロシアの「幼院」であったらしいと言われている。ロシアの幼院とは次のようなものである。

幼院は是棄児《これすてご》を養育する処なり。ペートルボルグに一処、ムスクワに一処あり。四方に三層の連房《ながや》を建てめぐらし、房《へや》毎に第一、第二の字号《あいじるし》を書たる牌《ふだ》をかけおくなり。かまへの正中《まんなか》に学校及び百芸の院を設く。児を送り入る所は高き窓にて、内に大きなる箱を活套《ひきだし》のごとくに仕かけおく。児を送り入る者、夜陰《やいん》に及び小児の誕辰《たんじょうび》を牌に記して頸《えり》にかけさせ、彼窓《かのまど》の下につれ行墻《ゆきかべ》をほとほと敲《たた》けば、内より活套の箱を押出す。やがてその内に小児を置、また墻をうてば活套を内に引いれ、小児を取出し、其箱に銭五百文入て又押出す。児の親その銭をうけて帰るなり。是は肉身の児を養育する事さへ能《あた》はざる程の困窮を憐れみ、救ひの為に官《こうぎ》より給はるなり。夫《それ》より翌朝未明に彼《あの》院の門に牌をかけ、昨夜何時に送り入れたる児何月幾日の誕生、衣服は何色、守は何、その外徴《しるし》に成べき程の事を詳《つまびらか》に書しるし、其児は第幾号の房に養ひおくと大字に書て掛、その房にも左之ごとく記したる牌を掛おくなり。其親人しれず来りて彼牌を見合せ、其居所を認《とめ》て帰るなり。幼院の門には番卒《ばんにん》あれども通りぬけを禁ぜず。棄たる親のおりおりに来りてその児の安否をよそながら見る為にしたるなり。院中は老嫗《ろうにょうば》乳母を多くおきて児を養育せしむ。漸々《ぜんだん》に成長すれば学校作院《さいくじょ》に入れその児の好む処を学ばしむ。其親また取戻し養《やしなわ》んと欲れば　送り入れたる年月日時及び誕辰第幾号の房の児といふ事を詳に書記して件《くだん》の箱に入るれは、即時に其児を箱に入て押出すなり。其内にも業の成たる児をばセリザントに封じて帰さるるとなり。

（桂川甫周著・亀井高孝校訂『北槎聞略《ほくさぶんりゃく》』岩波文庫）

これは大黒屋光太夫による報告である。大黒屋光太夫という人は伊勢の白子の百姓であり、船乗りでもあったが、天明二年(1782)、米などを積んで江戸へ向け白子を出港したところ、その船が途中駿河沖で激しい暴風雨にあい遭難してしまった。七か月の漂流のうち多くの乗組員を失いながら翌年八月アリューシャン列島のアムチトカ島に漂着した。

光太夫一行はここからロシア大陸を西へ西へと移動し、ついには首都ペテルブルクまで行って、そこで女帝エカチェリーナ二世や皇太子パーヴェル・ペトロヴィチに謁見し、その好遇を得て寛政四年(1792)、一〇年ぶりで日本へ帰ってくることができた。

とはいえ鎖国の時代である。海外の情報は欲しいには欲しいが公にはできない。時の将軍徳川家《いえ》斉《なり》は桂川甫周に命じ、光太夫の見聞したロシア事情を細大漏らさず書きとらせた。それが『北槎聞略』である。この『北槎聞略』は長いあいだ機密資料とされていたが、現在では一般人が読めるものになっている。いわば当時のロシアに関する百科事典といっていい。その中に紹介されているものである。

松平斉民はこれに似たものを作ろうとしたのだろうが、結局この構想は資金の調達ができず、実現には至らなかった。


捨て子をまとめて引き受けるところは無くとも、捨て子そのものはかなりあったようである。貧しくて日々の生活に困窮しているとか、母親が出産と同時に死んでしまったとか、乳が出ないとか、さまざまな理由で捨てられた。捨てる場所は寺の境内とか、往来の脇とか、金持の家の軒下とか、なるべく確実に人目について拾われやすい場所を選ぶ。

なかには浅草浅草寺の境内に生まれて間もない嬰児を捨てたら犬に食われて死んでしまったという例もある。

徳川五代将軍綱吉は「生類憐れみの令」を発布した犬公方として有名だが、本当は犬や猫や牛馬だけではなく、幼児や病人が捨てられるのを防ごうとしたのだとも言われている。「生類憐れみの令」と併行して「捨て子禁令」も発布され、それによって捨て子をした親に対する処罰、捨て子を拾って養育するための手続き、養育親に支給される養育料などがしだいにルール化されていった。

綱吉が死ぬと「生類憐れみの令」そのものは廃止されたが、「捨て子禁令」はその後も何回か発布され江戸時代を通じて堅持されたようだ。捨て子を拾った側は必ず辻番（交番のようなもの）に届け出てしかるべき許可を受けたのち宗門人別帳（寺が檀家を把握するために作っていた戸籍簿のようなもの）に登録し、身元を明らかにしたうえで、その家の子として育てた。この仕組を利用して、なかには穢多《えた》非人がわが子をわざわざ捨て、その子の出世を企図した例もあるらしい。

明治に入ると近代国家としての法制度を整えるなかで、しだいに堕胎・間引き、捨て子などがはっきりと禁止されるようになった。そして「捨て子」は「棄児」と呼ばれるようになった。しかし、法制度が整っても捨て子がなくなったわけではない。堕胎や間引きが減ったぶん、かえって捨て子が増えたという人もいる。

そうした社会状況の中で弱者救済に向けて立ち上った人がいる。渋沢栄一である。渋沢栄一は明治五年（1872）、東京府に命じて「東京養育院」を創設し、ここに身寄りのない老人を引き取り　さらには明治一八年から棄児をひきとって養育した。その数三万七千余人にのぼるという。ここは老人ホームであると同時に子どもの養護施設であった。また時にはホームレスの収容所にもなった。いわば日本の福祉施設のハシリだったといってもいい。

## 3――戦災孤児、そしてコインロッカー・ベビー

時代は明治から大正・昭和へと移り、この間に子どもを守る法制度もしだいに構築されてきたが、それでも第二次世界大戦直後、大量の被災者、大量の戦災孤児が出て、孤児たちは町にあふれた。

この時、篤志家の品川博氏(1916-99)は、群馬県前橋市内に社会福祉法人「鐘の鳴る丘愛誠会」を創設し、同市内に「少年の家」を設立して多くの戦災孤児を受け入れた。

緑の丘の赤い屋根　とんがり帽子の時計台
鐘が鳴りますキンコンカン……
黄色いお窓はおいらの家よ……

なるなる鐘は父母の元気でいろよという声よ……
（菊田一夫＝作詞・古関裕而＝作曲「とんがり帽子」）

という歌が流行し、大人も子どもも皆歌った。この歌は神奈川県にあった同様の家をモデルにした歌だとも言われている。するとこのような家があちこちにあったのであろう。

その後、孤児たちは成長したが、一九七〇年代にコインロッカー・ベビー事件が続発して社会問題となると、「少年の家」を運営していた「わらの会」はこうした子どもたちを受け入れる「天使の宿」を創設し、親子心中やコインロッカー・ベビーを防止すべく活動した。しかし不幸にも置き去りにされた赤ちゃんが凍死するという事件が発生して一九九二年に閉鎖された。

筆者のひとり（渥美）も、一九七〇年代末に国選弁護人として嬰児殺しの弁護をしていたことがある。地方から上京してデパートの食品売り場で働いていた女性とやはり農村から出てきて生鮮食品の卸問屋で働いていた男性。二人とも二〇歳になったばかりであった。二人は仲良くなって同棲し、女性が妊娠したが医者にかかる金も、中絶する金も何もない。やむなく四畳半一間の下宿で出産し、男性が嬰児を古新聞にくるんでビニール袋に押し込み、近くを流れる川に捨ててしまったという事件であった。

二人はそれぞれ地方の公立高校を卒業しており、高校時代は格別問題のない生徒であった。裁判では二人にいずれも執行猶予がついて、二人とも郷里に帰っていった。

魔がさしたといおうか、運命のいたずらといおうか、普通の人が状況によっては殺人罪（嬰児殺し）というような大罪を犯す羽目になるのだということをこの時知った。大人はまだいい。こんなふうに闇から闇に葬られていった子どもの人権はどうなるか。

このようないきさつのなかで、行政側の体制もしだいに整ってきた。「子どもの権利条約」の批准、児童福祉法の充実、児童相談所、児童福祉施設の充実、そして里親制度の普及などなど。

しかし一九九〇年代初頭にバブル景気が崩壊し、失業、倒産、若者の就職難など、子生み子育て世代の貧困化が拡大すると、棄児は減るどころかむしろ一時的には増えていった。

二〇〇〇年代に入ってもなお、棄児・虐待などで命を断たれる子どもが絶えない。法制度や行政の施策だけではカバーしきれない部分がある。そうした子どものための窮極のセーフティネットとして創設されたのが熊本の「こうのとりのゆりかご」である。

## 4——こうのとりのゆりかご

「こうのとりのゆりかご」とは、熊本市で慈恵病院が運営している赤ちゃんポストである。二〇〇七年五月一〇日に発足した。

発足以来毎年一〇人から二〇人程度の利用があるようだ。当初匿名で赤ちゃんが預けられるということが大きく報道され、遠くは関東地方から乗り物を乗り継いできた人もかなりある。なかには臨月の女性が車を運転しながらやってきて、車の中で出産してしまったケースもあるらしい。

ゆりかごの装置は病院の一階にある小窓をあけると内側にインファント・ウォーマーと呼ばれる保育器（つねに一定の温度に保たれている）が置いてあり、そこに赤ちゃんを置くと扉が自動的にロックされる。それと同時に二四時間ナースが待機するナースステーションのブザーが鳴り、ナース

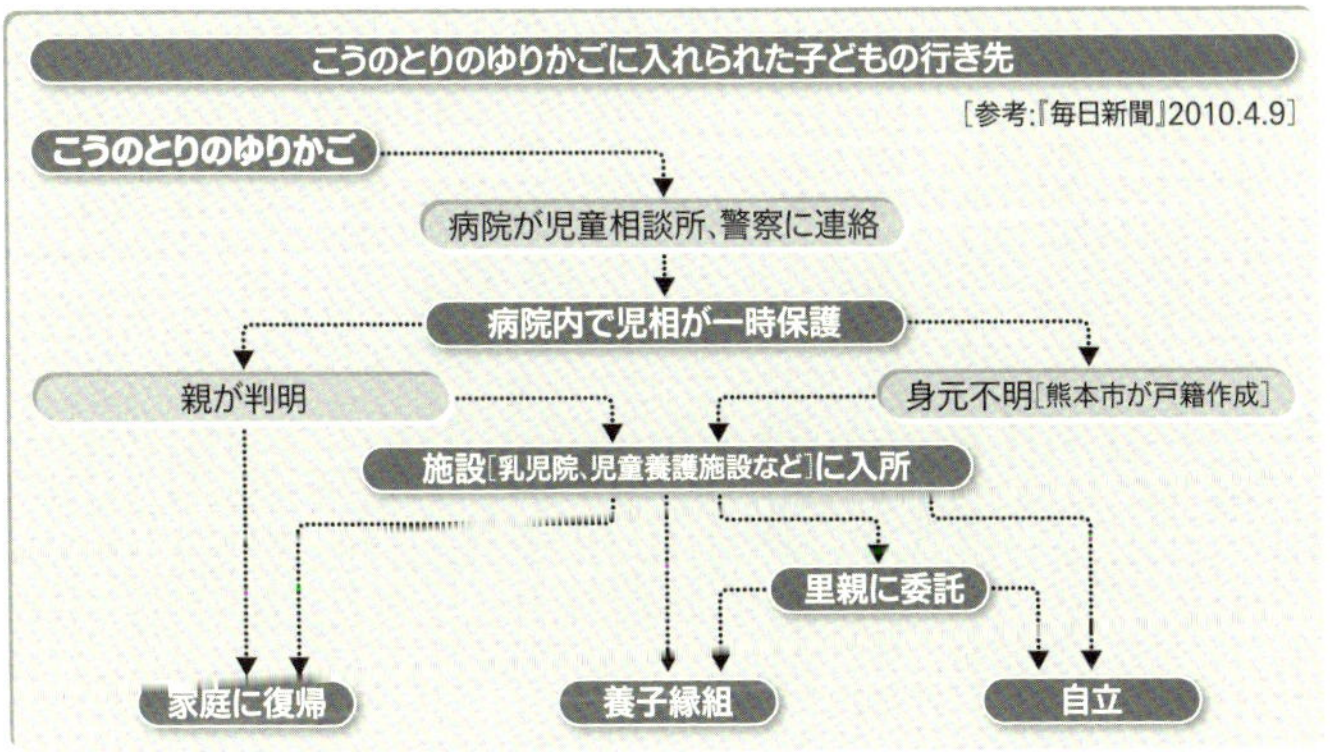

が駆けつけて赤ちゃんを保護する。そして小児科または産科の医師に直ちに連絡して健康チェックをする。健康に問題がなければ、看護部長が関係機関に連絡をとり、その後の手続きをとる。関係機関とは警察、児童相談所、市役所等々だ。あとは児童相談所が通常保護した子どもを扱うのと同じ流れで養育レベルに乗せていく。

決してずうっと病院内で養育するわけではない。その流れを図示すれば前頁のとおりだ。

これはドイツの「赤ちゃん扉（baby klappe）」をモデルにしてデザインされたものだという。ドイツにはベビー・クラッペと呼ばれる「ゆりかご」が一〇〇か所近くあるというが（後述）、日本のものとの大きな違いは、ドイツではクラッペそのもので赤ちゃんを八週間預かることだ。日本の「ゆりかご」もずっとそこで預かってくれるものと誤解して置きにくる人もいるらしい。

「こうのとりのゆりかご」は発足して約半年後から有識者による検証会議（座長は柏女霊峰《かしわめれいほう》淑徳大学教授）を設け、ひとつひとつのケースにつきその経過、背景、家族関係など可能な限りの追跡をして問題点を洗い出す作業を進めてきたようだ。その経過の中で、捨てられた子を預かるだけでなく、捨てないで育てていける環境作りをしようと妊産婦の相談システムを拡充し、現在は相談事業と預かり事業の二本立てで運営されている。

「ゆりかご」は何と言っても匿名で子どもを預かってもらえるというのが最大の特徴だ。望まない妊娠をしてしまった女性、妊娠を公にはできない事情にある人、出産しても戸籍には載せたくないと考える人、そして生活苦、もろもろ隠れた事情のある人にとっては最後の救いの手、最後の選択肢だ。社会的にみても「殺すよりはマシ」と言えるだろう。

だが、このような状況で産み落とされ、名もなく、親も知らず、出生地もわからぬまま成長していく子どもにとって、自身のアイデンティティをどう築いていけばいいのか、子どもの心の混乱は、もしかしたら生涯拭い去ることはできないものかもしれない。子どもの「親を知る権利」「出自をたずねる権利」はどうなってしまうのか。

熊本で「ゆりかご」がスタートした時は、そんなものができると捨て子が増えるのではないかとか、母性喪失を憂うる非難もあったが、最近ではひとり母親を非難してすむ問題ではなく社会全体のひずみの問題として捉え直さなければという風潮に変わってきた。

検証会議の座長を務めた柏女霊峰教授は言う。

「現在の妊産婦検診や新生児訪問事業などは基本的に妊娠を歓迎する家庭が対象だ。現行制度を補完するためには医療機関から市町村への妊娠、出産の届出制度の導入などを提案したい。ゆりかごでなく事前の相談に組み込んでいくためには、こうした家庭に行政が積極的にかかわる制度の検討や民間活動に対する支援を充実させる必要がある」

そしてもっと「妊娠を公にしたくない人に寄り添って」機能する制度が必要だ、と。

## 5――世界のゆりかご〔baby box〕

捨て子の救済に必要なセーフティネットは何か。
時代の推移とともにニーズもありようもどんどん変ってゆく。ここでは現在世界各国がそれぞれどのように対応しているか、ざっと眺めてみよう。

**ドイツ（baby klappe 2000▼）**

民間非営利団体「シュテルニ・パルク（保育園）」がハンブルクで「赤ちゃん扉」を開始。その後七〇～九〇か所に。
小扉を開けると親への手紙。表紙には赤ちゃんの手形・足形が押せるスペースがあり、スタンプ台もある。赤ちゃんをカーテン越しのベッドに置くと、アラームが鳴って職員がすばやく保護し、医師の診察へ。八週間の保護期間に、思い直した親は引き取ることも可能。その後、養子縁組。

**チェコ（babyboxů 2005.6.1▼）**

スタティム財団がプラハの民間診療所を手始めに、二〇〇七年末までに六か所設置。その後全国の病院五〇か所に。

ボタンを押して「赤ちゃんボックス」の小扉を開け、子どもを置いて閉めるとアラームが鳴り、看護師や医師がすばやく保護。匿名の子は生後六週間以降、出生証明書のある子は二か月以降に養子縁組。

**アメリカ**（**safe haven 1999▼**）

「安全な避難所」として指定された病院・警察・消防署などの施設や職員に直接赤ちゃんをわたして医療サービスをうける。テキサス州を皮切りに全五〇州でさまざまに法制化。預け入れ可能な年齢は、生後七二時間以内がいちばん多いが、一年以内まで種々。多くの州で親の匿名性を保証。

避難所の提供者から報告を受けた児童福祉部門が遺棄児童として保護し、養子縁組の手続き、家庭裁判所に生みの親の親権抹消の申立が行われる。

**南アフリカ**（**hole in the wall 1999.8▼**）

非営利団体「ドア・オブ・ホープ（希望の扉）」がヨハネスブルクの教会堂に二四時間受入れ可能な「壁の穴」を設置。センサーの知らせにより赤ちゃんを保護し、ＨＩＶやＢ型肝炎などの検査・医療をほどこし、その後、乳児院や児童養護施設、養子縁組あっせんなども行う。

**オーストリア**（**babynest 2001▼**）

困窮状況にあり匿名出産をのぞむ妊婦をサポートするために、産婦人科や小児科の病院が院内に「赤ちゃんの巣」を設置（二〇〇六年七月までに一五か所）。

預けられた子どもには青少年福祉担当者が後見人として付き添い、青少年福祉施設や養子縁組への橋渡しをする。

**ベルギー**（**babyschuif/moeder mozes mandje 2000▼**）

慈善団体「母の母（moeders voor moeders）」によりアントウェルペンに設置。「赤ちゃん滑り台」もしくは「母のモーセのゆりかご」と呼ばれる。

アクセスの便利な場所に設置され、小扉が開けられるとアラームが鳴り、ボランティアが子どもを保護、初期のケアをしたうえで、当局にひきわたす。

**パキスタン**（**jhoola 1970▼**）

edhi財団による「ゆりかご」運営。「殺すな。生きるためにこのゆりかごに赤ちゃんを置いていきなさい」と記された「ゆりかご」を全国ほぼ三〇〇か所の通りに設置。年平均、四五〇人を救出。

一般家庭に養子縁組できなかった子どもは、財団が運営する一七の孤児院で養育される。

インド(palna/cradle/baby scheme 1994▶)

目にあまる女児への堕胎や嬰児殺しを防ぐためにタミル・ナードゥ州で「ゆりかご」開始、一八八か所におよぶ。

開始以来二〇〇七年一月まで、預かった子どもは二五八九人。残念ながら死亡率も高く、うち四〇四人が死亡(州平均の五倍)。また一四七二人が国内で、一一五人が国外で養子縁組された。

## 6——ゆりかごは将来いらなくなる?

こうした窮極のセーフティネットは時代が進んで社会全体が豊かになれば不要になるのだろうか。

確かに生活苦からわが子を手離そうという人は少なくなるかもしれない。だが望まない妊娠の末に出産してしまうケースはなくなりはしないだろうし、子育てにギブアップして虐待やネグレクトに追い込まれるようなケースもなくなりはしないだろう。だとすればそういう人のために、いやそうして捨てられる子どものために、やはりセーフティネットは必要ではないのか。むしろ身近なところにセーフティネットがあると周知されているほうが、安心して子育てできるのかもしれない。

それにもうひとつ。人はこれまでの母性神話からもっと自由になるべきだ。産んだ人イコール育てる人という慣習や価値観がこれまでずいぶんと人に窮屈な思いを強いてきた。そこから解き放たれて、さまざまな人が、さまざまな形で子育てを楽しむ。それを大人も子どもも当たり前と思える社会を築いてきたいと思うのだ。セーフティネットの活動は、目に見える形で社会にそんな提言をしているのではあるまいか（参考：こうのとりのゆりかご検証会議編『「こうのとりのゆりかご」が問いかけるもの――いのちのあり方と子どもの権利』明石書店 2010）。

# 第2章

—

# 親のない子を育てる親

［里親制度と養子制度］

中川良延

# 1――親のない子は今どこに？

「親のない子」はどこでどんな生活をしているのだろうか。おじ・おばなどの親類の人が引き取って育てている子どももいるだろう。

東日本大震災で親を無くした子どもも多くは親類の人が面倒を見ていたようである。そういう身寄りがない場合が問題だ。

また親がいても病身だとかその他の事情でわが子を育てられない人もいるだろう。あるいは、親がいてもわが子の養育を放棄したり虐待したりする場合は、子どもを委ねたままにすること自体が問題である。親子の分離が必要だ。

児童福祉法は、「保護者のない児童又は保護者に監護させることが不適当であると認められる児童」を「要保護児童」と呼んで（六条三8）、都道府県（実際には児童相談所長）に、このような児童を、「小規模住居型児童養育事業を行う者若しくは里親に委託し、又は乳児院、児童養護施設、情緒障害児短期治療施設若しくは児童自立支援施設に入所」させて保護しなければならない（二七条一3）、としている。

「小規模住居型……者」とは、ファミリーホームとも呼ばれて、養育者の住居で五、六人の子どもを養育する制度であり、乳児院や児童養護施設などの施設養護に対して、里親と同様に家庭養護に分類される。

いったい「要保護児童」はどのくらい存在し、どこで保護養育されているのだろうか。厚労省が公表している資料（「福祉行政報告例」2011）によると、二〇一一年度末における児童養護施設の入所児童数は、二万八八〇三人、乳児院の入所児童数は二八九〇人、これに対してファミリーホームを含めた里親等の委託児童数は四九六六人である。総計三万六六五九人に対する里親等委託児童数の割合（里親等委託率）は、13.5％になる。

この委託率は、たしかに例えば二〇〇二年度末の7.4％と比べると、ほぼ二倍に上がっているが、欧米主要国とは比較にならないくらい低い（イギリス71.7％、ドイツ50.4％、フランス54.9％、アメリカ77.0％など）。これをどう考えたらよいのか。里親の概念は国によって異なるので単純に比較して日本の現状を評価することはできないが、この差の原因を考えてみることは必要だろう（開原久代「家庭外ケア児童数及び里親委託率等の国際比較研究」2011年度厚生労働科学研究）。

また要保護児童が養子縁組によって他人の養子となったケースの実態も興味ある問題である。

要保護児童を親に代わって育てる里親制度と養子制度の問題点と解決策について、以下に述べてみたい。

## 2――施設養護から家庭〔的〕養護へ

### ●――国際比較から見えてくるもの

わが国の里親等委託率13.5%というのは国際的にも異常に低い数値で、国連の子どもの権利委員会からもたびたび改革を求める勧告が出されている。この委員会は日本も批准している「子どもの権利に関する条約」(1989)によって設置されたもので、締約国が条約上の義務をきちんと履行しているかどうかを審査する機関である。

「子どもの権利条約」第二〇条には「家庭環境を奪われた子どもの養育」として、子どものための「代替的な監護」には、「特に、里親委託、……養子縁組又は必要な場合には児童の監護のための適当な施設への収容を含むことができる」と定められている。つまり、代替的な監護には、里親委託と養子縁組がまずあって、「必要な場合」には施設収容があてられているのである。

この子どもの権利委員会が二〇一〇年六月二〇日付の日本に対する最終見解で、「親の養護のない児童を対象とする家族基盤型の代替的児童養護についての政策の不足」を指摘しているのである。

要保護児童に対し、施設養護を基本とするか、家庭養護を中心に考えるか、どちらともいえないとするかは、それぞれの国の子ども養護(福祉)政策にかかっている。わが国の旧来の子ども養護政策は、施設養護偏重政策か「どちらともいえない」あいまい政策であったということができよう。ところが近時わが国の厚生労働省も、里親委託優先の原則を正面から認めるなど、社会的養護における家庭養護の重視へと、大きく政策転換した。

## ●——施設養護と家庭養護の比較

どんな制度にもデメリットはつきものである。家庭養護でも問題がないわけではない。最近、里親が里子を虐待などによって死なせた事故あるいは事件が目立っている。しかし施設養護と比べると一般的にデメリットとされる問題は少ないといえるのではなかろうか。

かつて「どんな立派な施設でも家庭に優るものはない」といわれたことがある。第一次大戦後（一九二〇年代）、それまで養子制度をもたなかった国が新しく養子制度をつくったときの話である。これは現在でも通用することであり、子どもの成長発達にとって特定の大人との親子的愛情・愛着関係の存在の必要性が強調される今日においては、いっそう強く妥当するといってよいだろう。

イギリスの政治学者ピーター・ヘイズらは『日本の養子縁組』（津崎哲雄監訳、明石書店 2011）という本で、「施設養護と里親・養親による養護の比較」という一章を設け、これらの問題をくわしく論じている。「施設にいる子どもは親の愛情を受け、親と親密な関係を発展させる機会をもてない」ことを、施設委託（措置）の不利な点の筆頭に挙げ、ほかにも「克服するのが不可能ではないが施設養護につきまといがちな不利な点」があるとして幾つか指摘している。

その一つは、「管理に重きを置き、柔軟性の欠けた日課に基づく養育に主眼を置くあまり、子供の自律性を育てる機会を制限したり、プライバシーへの配慮が欠落すること」。このような管理主義的な養育はやがて子どもたちが施設から社会に出て行くとき、一人立ちするのを難しくしている、という。

もう一つは、児童虐待のおそれがあること。施設内虐待の事例は、子どもに食事を与えない、暴行、レイプ、いじめなど多様である。大阪・博愛社女児虐待死事件（1986）や千葉・恩寵園児童虐待逃亡事件（1996）などは新聞にも報道されて広く知られている。ヘイズらは「こうした例は日本に限ったことではなく、子どもに対する権力濫用の力学が、同じように陰鬱な独裁的運営を導く例は世界的にみられる」という。

津崎哲雄氏は、この問題についてのイギリスの先行研究を紹介したうえで、わが国における施設内虐待の事例を分析し、児童養護施設内で虐待が行われる構造モデルを示している（『この国の子どもたち——要保護児童社会的養護の日本的構築』日本加除出版 2009）。主な要因は次の三点に整理される。
①「ケア委託環境内における権力関係」。養護委託児の無力さが職員との間だけでなく養護委託児の間でも虐待やいじめの原因になっている。

②「ケア委託に関わる組織・人物・制度の既得権益確保」。養護施設の運営・実践によって利益を得ている組織や人物は、その喪失を恐れて虐待を認めようとせず、隠蔽工作をする。
③ケア養護委託児やその経験者に対する偏見・差別観と施設職員性善説。

さらにもう一つ、乳幼児の施設養育の深刻な問題を紹介しておこう。イギリス、ノッティンガム大学の法心理学・児童保健学担当のケヴィン・ブラウン教授は、「乳幼児が施設養育で損なわれる危険性について――EUにおける乳幼児の脱施設養育施策の理論と方策」という論文で、「乳幼児の施設養育は子どもの発達に害を及ぼし、脳の発達に最も決定的な、二度と来ない大事な時期の脳の働きにネガティブな影響をあたえ、身体能力・知的能力・行動機能・社会的能力・情緒的能力の欠損や遅滞を引き起こす」。とくに「親の付き添いがないまま三歳未満児を施設養育に任せてはならない」と論じている（津崎哲雄訳、里親連絡会ホームページ http://foster-family.jp/tsuzaki-file/The_Risk_of_Harm_to_young.pdf）。くわしい事例の紹介は省くが、衝撃的な発言といえよう。わが国の乳児院の実態はどうであろうか。

施設養育と家庭養育を比較する場合、もっとも重要な視点は、子どもたちにとってどんな養育が必要なのかということである。

結論から先にのべると、施設養育に比べ、家庭養育のほうが、親に代わる特定の人との間に親子関係にみられるような愛着関係が形成される可能性が大きい。とくに乳幼児期においては、この愛着感情にもとづいて特定の人との間に基本的な信頼関係の形成されることが、やがて社会的人間関係をつくることにつながるので、子どもにとって何よりも必要なことではないだろうか。

このことは（発達）心理学などが提唱している愛着理論（attachment theory）によって説明されている。どのような環境に生まれようと、子どもの成長発達のために必要とされる愛着形成こそ、子どもの最善の利益として保護されるに値するということになる。

なお、里親委託などの家庭養護においても、委託児を虐待したり、その結果死亡させたりする事件が起こっている。しかしこれは、里親支援の体制をととのえることによって、かなりの程度まで対応できると思う（後述）。

## ●――里親委託優先の原則の採用

厚生労働省は、二〇一一年三月三〇日、「里親委託ガイドライン」（雇用均等・児童家庭局長通知）なる文書において、待望久しかった「里親委託優先の原則」の採用を宣言した。画期的な文章なのですこし長いが引用しよう。

家族は、社会の基本的集団であり、家族を基本とした家庭は子どもの成長、福祉及び保護にとって自然な環境である。このため、保護者による養育が不十分又は養育を受けることが望めない社会的養護のすべての子どもの代替的養護は、家庭的養護が望ましく、里親委託を優先して検討することを原則とするべきである。特に乳幼児は安定した家族の関係の中で、愛着関係の基礎を作る時期であり、子どもが安心できる、暖かく安定した家庭で養育されることが大切である。

社会的養護が必要な子どもを里親家庭に委託することにより、子どもの成長や発達にとって、

①特定の大人との愛着関係の下で養育されることにより、自己の存在を受け入れられているという安心感の中で、自己肯定感を育むとともに、人との関係において不可欠な、基本的信頼感を獲得することができる、

②里親家庭において、適切な家庭生活を体験する中で、家族それぞれのライフサイクルにおけるありようを学び、将来、家庭生活を築く上でのモデルとすることが期待できる、

③家庭生活の中で人との適切な関係の取り方を学んだり、身近な地域社会の中で、必要な社会性を養うとともに、豊かな生活経験を通じて生活技術を獲得することができる、

というような効果が期待できることから、社会的養護においては里親委託を優先して検討するべきである。

これは愛着理論を受け入れながら、社会的養護の政策転換を図ったものだといってよい。

私は一〇年ほど前にわが国の里親制度の課題の一つとして、国は「施設より里親へ」という原則を基本方針として宣言すべきだと述べたことがある（「日本の里親制度」／湯沢雍彦編著『里親制度の国際比較』ミネルヴァ書房 2004所収）。もちろんそれぞれの子どもの置かれた状態によって、施設委託と里親委託のどちらが適切かは個別に判断されなければならない。しかし、国の基本政策が決まっておらずあいまいなままでは、実際に里親委託の是非を決めねばならない児童相談所は、判断を躊躇せざるをえない。より率直に言えば、煩雑な里親委託手続きを避けて、定員に余裕さえあれば施設委託の道を選ぶことになるだろう。これまで施設委託の割合が里親等の家庭委託に比べて著しく大きかったのは、こうした事情によると言ってまちがいない。

このたびの政策転換によって児童相談所の実務は大いに変わってくるはずである。厚生労働省もそれを期待し、里親等委託率を上げるために、都道府県（指定都市を含む）ごとの委託率と、委託率が急上昇した都道府県のランキングを公表し、急上昇の原因・理由を分析して、委託率アップを競わせているようである。また里親による養育を支援する体制の整備を進めているのも最近の注目すべき国の動きである。

また先の「ガイドライン」は、新生児についてとくに里親委託優先を具体的に指摘している。

新生児については、障害の有無が明らかになる年齢を待ってから、里親委託を検討する考え方もあるが、心身の発達にとって大切な新生児の時期から里親委託を検討することが重要である。

また、望まない妊娠や若年の妊娠などハイリスクといわれる要支援家庭については、地域の保健機関や医療機関、子育て支援機関等と協力し、児童相談所が出産前から早期の相談支援に努める。

「里親委託を優先的に検討」とか「新生児の時期から里親委託を検討」という文言の裏には、当然「一応検討したが適当な里親が見つからなかった」場合もありうる。問題はどの程度「検討したか」である。とくに乳児院などの施設に入所の余裕がある場合に、児童相談所の職員がどこまで里親委託の努力をしているか。

最近NHKで、「出産した親が育てられないとして児童相談所に保護された赤ちゃんのうら、九割近くが乳児院に入所し、里親に預けられたケースは僅かにとどまっていることが日本財団の調査でわかりました」というニュースが流れた（2013.9.7）。「ガイドライン」でうたわれた建前が、実際にはそのとおりに行われていないことが明らかである。

# 3――里親制度の問題点と解決策

## ●――里親委託手続きの流れ

まず受け手となる里親の資格について、簡潔に述べておこう。

里親には、養育里親、専門里親、養子縁組里親、親族里親の四種類がある。要養護児童を養育することに変わりはないが、専門里親は、児童虐待などによって心身に有害な影響を受けた子どもを養育する場合であり、養子縁組里親は将来その子の養親になることを希望している場合である（後述）。親族里親は、要保護児童の三親等内の親族（祖父母や兄弟姉妹、おじ・おばなど）が養育するもので、親族としての扶養義務があるため里親手当がつかないが、東日本大震災後の改正で、このうち扶養義務者でないおじ・おばについては、通常の養育里親制度を適用し、里親研修の受講を条件としたうえで里親手当が支給されることになった。

四種の里親について都道府県ごとに定められた要件を満たし、都道府県児童福祉審議会の意見を聴いて、要保護児童を委託するにふさわしいとされた者が、都道府県知事により、里親として認定される。

ここから児童相談所が前面に出る里親委託手続きに移るが、この手続きは都道府県ごとに異なるだけでなく、同じ都道府県でも児童相談所ごとに違っていると話してくれた児童相談所の職員もいた。厚生労働省の「里親制度運営要綱」や「ガイドライン」、そしてもっと拘束力があるはずの「里親が行う養育に関する最低基準」(厚労令2002、改正2006)があっても、現場の事情によって相当な違いが生じているようである。ある会合で「ガイドライン」を紹介したところ、「これは実際とはかなりかけ離れていますね」といった里親の言葉が忘れられない。

児童相談所は里親希望者からの里親申込みの段階から、家庭調査など認定手続きにも中心的な関わりをもつ。以下に、その流れを「ガイドライン」によって概説する。

まず児童相談所内での「処遇会議」(「措置会議」)で、里親委託を優先的に検討し、その子どもを里親に委託して養育するのが適当と判断してその旨の措置決定をする。

### ①——里親家庭の選定

「子どもと里親の交流や関係調整を十分に行った上で委託の適否を含め判断を行う」。そのさい、「その子どもがこれまで育んできた人間関係や育った環境との連続性を大切にし、可能な限り、環境の変化を少なくするなどその連続性をできるだけ保てる里親に委託するよう努める」。友達や親族の関係を維持できるという点では、親族里親など親族関係にある里親が望ましいといえよう。子どもにとっては一生を左右する重大事なので、慎重に行うことが必要である。

**②――委託の打診と説明**

「里親に委託したい子どもの年齢、性別、発達の状況、委託期間の予定、保護者との交流等」の情報を里親に伝えるとともに、「里親家庭の状況や、実子や受託児童がいればその子どもの様子」を確認し、受託可能かどうかを打診する。可能という里親の意向が得られれば、具体的な説明を行う。

**③――子どもと里親の面会など**

「里親委託までには、面会や外出、外泊などを行い、また、外泊中に児童相談所が家庭訪問などを行い、里親と子どもの状況等の把握に努める。子どもの気持を大切にしながら、子どもが安心できるよう支援し、里親と委託する児童との適合を調整することが重要であり、丁寧に準備を進めることが大切である」。そして、「里親と児童相談所の子ども担当者、里親担当者、可能であれば保護者と、子どもの養育についての情報を共有」し、「里親など関係者と一緒に自立支援計画を立てる」ことが必要だと指摘していることも、注目すべきである(後述)。

**④――特別養子縁組を前提とした新生児の里親委託**

「未婚、若年出産など望まない妊娠による出産で養育できない・養育しないという保護者の意向が明確な場合には、妊娠中からの相談や出産直後の相談に応じ、出産した病院から直接里親へ委託する特別養子縁組を前提とした委託の方法が有用である」。画期的な言明であり、大いに歓迎したい。

引用したのは「ガイドライン」の一部にすぎないが、里親委託の手続きが慎重に行われるように、非常にきめこまかく記されている。このとおりに実施されれば、なにも不都合な問題は起こりえないのではないかと思われる。ところが現実は、里親による里子虐待など、さまざまな問題が起こっているのである。

## ●──なぜ里親による里子死傷事件を防げなかったのか

マスコミに報道された里親虐待事件（1958-2010）は一三件あり、そのうち死亡が六件、傷害が四件、性虐待が三件である（「杉並事件を考える会」の資料）。もちろんこれは実際の数のごく一部でしかないだろう。また新聞報道は、虐待したのが里親だということで、特別な関心を寄せているように思われる。

「自分で望んで他人の子どもを養育する里親になったのに、なぜそんなことをしたのか」、あるいは「お金（里親手当）をもらって里親になっているのに」というわけである。

私はそのような見方が一般化しているかぎり、里親委託の活性化は望めないように思う。

ここではむしろ、里親委託手続きのプロセスのどこに問題があったのか、どこでどうすれば虐待を未然に防止できたか、という観点で、以下に三つの虐待事件を紹介したい。これらは、マスコミによる報道の程度には差があるが、里親委託手続きについてかなり問題点が明らかになっていると考えるからである。

**case A——宇都宮事件（2002）**

乳児院から里子として引き取った三歳の女の子を里母が殴って死なせた。里母は韓国人で幼稚園の教諭経験があり、日本人の夫と結婚して来日。子どもができなかったので、里親の申請をして認定を受け、将来養子にするつもりで乳児院にいた三歳の男の子を里子とした。この子がおとなしく育てやすかったこともあり、その後、児童相談所の勧めにより男児の一つ年下の妹を里子として引き取った。ところがこの女の子は、発達が遅れていて、日本語が不自由な里母との間で会話が成り立たず、突然泣き出して泣き止まないことがしばしば。ストレスが重なって里母は不眠になり、ついには胃潰瘍になってしまう。

夫は仕事で忙しく、育児と家事に追われる里母は、心身ともに疲れはてて、泣き止まない女の子を叩いてしまうようになる。女の子を引き取って三か月すぎたころ、児童福祉司が家庭訪問を打診すると、里母は夫の同席を希望したため、訪問はさらに二か月後となった。里母はその席で夫を通じて自分の体調不良と女の子がよく泣くことを訴えたが、児童福祉司に「来年になったら里親を助ける制度（レスパイトケア制度。実際は当時すでに実施）ができるので、もう少し我慢して」と言われ、里母は、かなり気落ちしたようだ（公判での里母の言葉）。

その夜から、里母の女の子への暴行はエスカレートし、二日後、女の子を殺してしまう。

**case B——大阪事件**（2009：大阪市「検証結果報告書」2010より）

里母が五歳の女の子を虐待し六か月の重傷を負わせた。この女の子は両親の離婚のため実父の許で養育されていたが、実父の体調不良による三週間程度の短期養育ケースとして児童相談所に受理された。

里親は実子が一人（入寮制の学校生）いるが、申込動機に「実子でない子を預かることで自分らも成長し家族の和が深まる」と記しており、型どおりの手続きを経て、養育里親として認定を受けていた。児童相談所は実親の同意のもと、里親経験はなかったものの子育て支援活動に参加して地域の児童を預かった経験のある本件里親に、三週間の短期養育を委託した。

ところが預かってみると、この子の基本的生活習慣ができていないことが判明。また当初の期限の一週間前になって、実親から、体調が回復しないので委託延長の申出があった。児童福祉司と里親支援事業相談員が家庭訪問して、女児を一時保護した後、施設へ入れることも打診したが、里親が引き続き養育する意向を示したため、委託を延長した。

委託三か月目に実施した女児の心理判定では、「情緒的な面で緊張、不安が高く、社会性を獲得するため集団生活に参加する機会が必要である」とされた。しかし、里親自身は、里親会や児童相談所の主宰する行事や研修にも積極的に参加しており、周囲の評価も高かった。四か月後、入所した保育所で女児の体にあざや傷が発見され、問いただされた里親は、女児がパニックを起こした時のものだと説明した。

さらに二か月後のある日、里母がアポイントなしで児童相談所に来て、「自傷行為のある女児との対応がしんどい。食事が遅い。里母になつかず里父との態度がちがう」と訴えた。面接した児童福祉司は、里母が女児の引上げを望んではいないと確信しつつも、何をしてほしいのかわからなかったという。その後児童福祉司は、隣区の保健福祉センターから、里親から匿名で相談があり、「児童相談所の担当ワーカーは忙しく話しづらい」と訴えていた、との知らせを受けた。

委託一年後、女の子が出血したため、里母が病院に搬送。ほぼ全身におよぶ殴られたような傷を見た医師は「故意に傷つけられた」と診断。病院からの虐待通告を受理した児童相談所は、里親委託を解除。また病院からの連絡を受けた女の子の実母が警察に通報し、里母が逮捕された。

**case C——杉並事件**（2010.8：東京都児童福祉審議会の報告書より）

東京都杉並区の養育家庭（里親）に委託していた女の子（三歳七か月）が里親宅の階段下に倒れていて医療機関に搬送されたのち死亡。里母は傷害致死の容疑で逮捕され、東京地方裁判所で虐待による傷害致死との判決が下される。

里親宅には中学生と小学生の実子がいる。本件女児は生まれて間もなく実親による養育困難との理由で乳児院に入所。里親は当時二歳二か月の女児と里親委託を前提に交流を開始。週一回のペースで面会をつづけ、その後里親宅へ外泊（一泊か二泊）。児童相談所が外泊時に家庭訪問したところ、「人見知りが強かった女児が家族に打ち解けている様子で、成長が見られた。食欲は旺盛」だった。約四か月にわたる交流後、正式に里親委託を開始。

一か月半が過ぎたころ、児童相談所は「自立支援計画」（後述）作成のため家庭訪問をして「本児の表情良く、大きな心配なく良好」と判断。

里親はその二か月後に本児を保育所に入所させた。三か月経過したころ、子どもの右頬に引っかき傷があったので保育士が問いただしたところ、「ママとけんかした」「友だちにされた」と答えた。同じころ、不正出血で受診した医療機関も右頬の傷を確認している。また、児童相談所は女児の心理面接のさい、「成長が遅いのでは」と相談されたが、「生活環境によるストレスもあるので、ゆったりした時間を確保するように」と助言した。その後別の保育所に転園して一か月後、顔の青痣についても里母に確認したところ、「パソコンラックにぶつけた」と説明された。

里親委託から約一年後、階段下で倒れていた女児が医療機関に運び込まれたが死亡。全身に多数の傷や痣が確認されたので、警察と児童相談所に通報された。

里母が声優としてかつて活躍していたことなどもあって、この事件はマスコミに大きく取り上げられた。

以上三つの虐待事件の問題点を、認定、マッチングおよび里親支援の三段階に分けて考えてみたい。

## ✣里親認定段階

case Aの里母は、韓国で九年間幼稚園の教諭として働いていた。日本人の夫と結婚して日本にきたが、日本語が不自由だった。にもかかわらず里親として認定されたのは幼稚園の教諭としての経験が重視されたのではないか。

case Bの里母は、里親になることで「自らも成長し、家族の和が深まる」が志望動機であった。里親になる前、ファミリー・サポートをしていて、保育士の資格をもっていた。ただ実家の母親は里親になることに反対していたらしい。家庭調査では直接親族への聞き取りはしていないとのことである（検証報告）。

case Cの里母の志望動機は、「（実の娘二人の）子育ても一段落したので、ぜひ社会貢献がしたい」ということであった（新聞報道）。職業は声優だが、娘の小学校のPTA会長を務め、社会活動も活発だった。これらの点により認定を受けたものと思われる。

三ケースとも、当初から里親には若干不安な面がうかがえたようだ。しかし認定段階で問題があったとしても、次の里子とのマッチング段階で修正される余地があったはずである。

### ❖マッチング段階

case Aでは、児童相談所は、上の男の子が里母のもとで順調に育っているので妹の心理判定も行わずに里親委託を打診し、里母も兄妹一緒に育てるのがいいと考えて、引き受けた。妹の発育状態（同年齢の子に比べほぼ一年遅れ）の検討が不十分な、安易な委託であった。

case Bは、児童相談所が三週間程度の短期養育を前提として子どもの心理判定をせずに里親委託を打診し、里親側も事前の面会交流もしないで受託し、児童を引き取っている。マッチング過程がなかったといってよい。

case Cの場合、「児童相談所は、職業的活動を含むさまざまな社会活動や学業（大学院で公共経済学を学ぶ）などで、多忙な生活を送っていた里母の生活実態を把握しておらず、委託後、その生活が長期委託も見込まれる本児の養育に適うものかどうか、見極めが十分できていなかった」。「交流開始後、里母は週に一回程度の交流を行っていたが、本児が入所している乳児院では、里子が里母にあまりなついていないという印象を持っていた」が、その点を児童相談所にはっきり伝えることができなかった（検証報告）。

## ✣委託後の支援段階

委託までの各段階で多少の問題があったとしても、里親が養育しはじめてさまざまな困難に直面したとき、児童相談所がきちんときめ細かい助言・支援をしていたら、虐待死などの惨事にいたらなかったかもしれない。

case Aの場合、里母は夫を通じて、女の子がよく泣くこと、自分の体調が悪いことなどを訴えたが、児童福祉司は、「もう少し我慢して」と答えるのみだった。

case Bでは、一時的委託のつもりが「もう少し」「もう少し」と延長を繰り返し、結局一年後に女の子が重傷を負ってしまった。里母から直接・間接的に何度も養育の大変さが児童相談所に訴えられていたのに、ほとんど対処されなかった。

case Cでも、「里母は、児童相談所に里子が〈ゾンビ顔〉（奇異な表情）になるなど、里子の反応、様子への違和感を述べていたが、そのことが、里母の養育においてどの程度の問題であったのかについては十分には評価していなかった」（検証報告より）。本件里母の養育状況を見ていた別の里親によれば、女の子が心配で何度も児童相談所に訴えたが動いてくれなかった、ということである。

これら三つのケースに共通して言えることは、多少の差こそあれ、児童相談所が里親の養育力に過剰な信頼を寄せ、里親（とくに里母）はこの信頼・期待に応えようと懸命に努め、しかし限界状況となりその旨のサインを発しながらも、強く言い出せないままに、心理的・精神的に、いわゆる「切れる」情況に陥った、ということではないだろうか。

### ●——里親（家庭）支援の重要性

里親委託が社会的養護の中心的な役割を担っていくためには、里親を支援する体制が整っていることがきわめて重要である。

里親支援はもちろん子どもを委託する児童相談所の責任が重いことは言うまでもないが、児童虐待などへの対応で多忙をきわめている児童相談所に多くを期待することはできず、地域におけるその他の子育てにかかわる組織・団体の協力が不可欠である。厚生労働省もこのような支援が必要と早い時期から認めていた。

### ①——レスパイト・ケア制度

case Aで言及された二〇〇二年九月の雇用均等・児童家庭局長通知によって実施されることになった援助。里親から一時的な休息のための援助（レスパイト・ケア）の申出があった場合、または里親の精神的・肉体的疲労などからレスパイト・ケアが必要と判断された場合、速やかに、その子どもを都道府県があらかじめ定めている乳児院や児童養護施設などに再委託する制度である。

### ②——里親支援機関事業

二〇〇八年四月に同局長通知によって定められた制度。「里親につき、その相談に応じ、必要な情報の提供、助言、研修その他の援助を行う」という都道府県の業務の、全部または一部を、都道府県知事が適切と認めた者に委託する。里親会、児童家庭支援センター、里親支援専門相談員を置く児童養護施設や乳児院、公益法人やＮＰＯなどが想定されている。

実施状況のアンケート調査によると、回答のあったほぼ全自治体がこの事業を実施しており、その60%が民間機関へ外部委託しているが、里親制度の普及促進などが中心で、個々の里親家庭への支援などの事業の外部委託はあまり進んでいないことがわかった。調査者は、「これには、委託できる専門的な外部機関が不足していることと、児童相談所が民間機関と連携することが困難なことが背景にあると思われる」とコメントしている（二〇一一年度厚生労働科学研究）。

### ③——里親支援専門相談員の配置

厚生労働省は二〇一二年度から、定期的な里親家庭への訪問などを行う里親支援専門相談員を児童養護施設や乳児院に配置するための予算をつけている。同年一一月末現在、支給先は児童相談所数二〇七か所に対し、一一五か所におよぶとのことである。施設とのつながりが、里親にどんな影響をもたらすか、注目していきたい。

こうした支援事業を推進する場合、人と予算の確保が必要なことは言うまでもないが、それだけではないように思われる。

最近七年間で里親等委託率を大きく引上げた福岡市（二〇〇四年度末6.9%から二〇一一年度末27.9%へ）と大分県（同7.4%から23.8%へ）の場合も、里親数を増やしただけでなく、当然支援体制も整備されているものと思われる。どちらも児童養護施設などが満杯の状態から出発したが、とくに「子どもの村福岡」の活動は、大分県の「行政型」に対して、「市民型」とよばれ、注目されている。「子どもの村福岡」では、里親のことを「育親」と呼び、児童相談所だけでなく、地域の医療機関、専門家、市民、企業などがネットワークとして支援する体制がとられている（特定非営利法人・子どもの村福岡編『国連子どもの代替養育に関するガイドライン／SOS子どもの村と福岡の取組み』福村出版2011）。

## ●――自立支援計画の見直しによって里親支援を

いくつかの里親による虐待事例の検証報告などを精査すると、本来きちんと作られてしかるべき自立支援計画が作られていないか、作ってもおざなりのものではなかったかとの懸念がうかびあかる。

厚生労働省が二〇〇二年に出した「里親が行う養育に関する最低基準」（通達）の第一〇条には、

> 里親は、児童相談所長が、あらかじめ当該里親並びにその養育する委託児童及びその保護者の意見を聴いて当該委託児童ごとに作成する自立支援計画に従って、当該児童を養育しなければならない。

と定められている。

この「最低基準」によって、かつては「養育計画」と呼ばれていた計画が「自立支援計画」と改変された。子どもの「自立」を支援する、子どもをたんなる養育の客体ではなく、成長し自立していく主体として支援していこうということで、ここに子ども観の一八〇度の転換をみることができる。

自立支援計画を作成するのは児童相談所であって、里親はそれに従って養育するのである。まず子ども、実親、里親の意見を聴きながら、児童相談所があらかじめ子どもの自立支援計画を作成しなければならない。自立支援計画がきちんと作成されないで里親に養育を委託するのは、ややオーバーな表現をすると、里親に養育を「丸投げ」しているということであろう。これでは、里親が戸惑うだけでなく、里親を支援しようとする第三者としても、何をどう支援したらよいのか取っ掛かりがないのである。

そこで私は、「自立支援計画」の策定の仕掛けを次のように改めて、里親養育委託の活性化をはかることを提案したい。

❶里親委託の前提として、その子どもに関するすべての情報（子どものこれまでの養育状況、実親との関係、養育にさいしてとくに留意すべきことなど）が、児童相談所だけでなく、委託を受けようとしている将来の里親にも開示され、共有されるべきである。

②情報が共有されたら、将来の里親も関わって、その子どもの自立支援計画を作成する。つまり児童相談所と里親が協議して作成するか、あるいは児童相談所が提案する計画を里親が理解して同意する。

③（②の）協議あるいは同意のさいには、受託後に里親を支援する第三者（個人あるいは団体）が関与する。この第三者は子どもの養育について知識と経験を有する専門家（ソーシャルワーカー）が望ましいが、里親としての豊富な経験を有する者もふさわしい。この支援者は、里親会、あるいは里親会を取り込んだ里親支援機関から選ばれるのがよい。このような第三者の関与を必要とする理由は、将来の里親、とくに初めて里親委託を受けようとする者が児童相談所と対等に協議することが難しいからである。

④自立支援計画は、必ず書面により、委託（子どもの引渡し）前に作成する。現状は、そもそも自立支援計画が策定されていないか、策定されていても口頭で里親に伝えられるか、子どもの引渡し後かなり経ってから計画が策定されるケースもあるようである。里親の元で安定的に子どもが養育される（子どもの最善の利益）ためには、委託スタート時からしっかりした計画に基づいて里親養育と支援のなされることが必要である。

⑤しかし、当初の計画は絶対的なものではなく、子どもの成長発達の状況、実親との関係の変化などに即応して、子どもの最善の利益に資するように、三者（児童相談所、里親、支援者）の協議により、

いつでも変更できるものとする。

里親委託優先の原則を推進していくためには、現存する施設との関係をどうするかが問題になるだろう。一律に施設はダメだとするのではなく、里親委託に適しない子ども（どういう子どもかは問題だが）もいるはずで、そういう子どもの居場所として、ある種の施設は必要だろう。ただ乳児院は、新生児からの特別養子縁組（後述）を普及させることによって、なるべく速やかに廃止すべきである。

里親委託に関しては、委託手続きのいろいろな段階に問題があるが、私はとくに、自立支援計画の策定がポイントではないかと思うのである。

## 4——養子制度とくに特別養子縁組制度の問題

### ●——藁《ワラ》の上からの養子と特別養子制度

養子制度も他人の子どもを養育することでは里親制度と共通している。違う点は、里親の場合、どんなに親子同様の生活をしていても養親子のように法律上の親子にはならない。また、養親子の場合、離縁をしない限り生涯にわたって親子関係はつづくが、里親子関係は里子が満一八歳になると原則として解消される。なお、養子となれば里親手当がつかないことも大きな違いといえよう。

養子でも、里子でもなく、事実上の（法律上ではない）親子関係に、「藁《ワラ》の上からの養子」というケースがある。

これは分娩直後で今日ならまだベッドの上にいる嬰児をひきとって自分たち夫婦の子どもとして育てることを比喩的に称したものである。戸籍上は実子として届け出ているので、虚偽の届出として法律上は無効、養子縁組の届出をしていないので養子縁組は不存在。最高裁判所の判例である。「藁の上からの養子」が現在でも残っているのかどうかわからないが、わが国では第二次大戦前から戦後にかけてかなり存在したらしい。

次の話は知人から聞いたホントの話である。

子どものいないB夫婦は、誰かいい子がいたら貰いたいと思っていた。相談を受けていたC夫婦が、知り合いの農家に事情を話し、生まれたばかりの四人目の女の子（A子）をB夫婦の嫡出子として出生届を出すことにした。生まれて間もないA子がB夫婦に引き取られていった日のことを、姉たちが覚えていて、なにか不思議な映像としてときどき思い出していたとのことである。

サラリーマンのBも農家の生まれだったが、生活は安定しており、A子の実親は何も心配せずに

A子をB夫婦に預けたと思われる。

A子はB夫婦に可愛がられてすくすくと育っていった。田舎の小さな小学校では成績はいつも一番で、活発な子だった。

B夫婦はA子の成長を喜びながらも、徐々に不安も生まれてきた。A子が貰い子だということはBの親戚には知れわたっていた。それがいつA子の耳に入り、A子が自分たちをどう見るか、ショックを受けるのではないかという不安である。

直接A子に話すのもためらわれ、一家でこの地を離れようと考えた。ブラジルでコーヒー園を経営している妻の兄を頼っていざ出発しようとしていた矢先、ブラジルから、大凶作でコーヒー園は全滅、来るのは待ってくれとの一報があった。

ポルトガル語を独学で勉強していたBだったがブラジル行きを断念して、東京の近郊に一軒家を借り、内職などをしながら、A子を高校、大学まで進学させた。

その後A子はBの甥で東京の一流会社に勤めていたDと結婚、一男一女を得た。B夫婦と同居して平穏な生活を送り、貰い子だと知らぬまま、B夫婦をみとった。もっともDは結婚前から、A子が貰い子であることを知っていた。

A子六〇歳のある日、突然一通の手紙。田舎の老夫婦（C）からのものだった。自分たちは貴女をB夫婦に世話した者だが、もう年でいつこの世を去るかわからない、貴女に本当のことを教えておきたい、と。

A子のショックは大きかった。夫に恐る恐る話したところ、前から知っていた、君も知っていると思っていたので、あえて話をしなかっただけだ、と一言。これまたショック。しかし明るい性格のA子は、気持を切り換え、遠い田舎に出かけて、姉たちと再会(?)の喜びを分かち合った。

A子はその後癌のため亡くなったが、息を引き取る前に、夫に「幸せだったよ、ありがとう」と感謝。葬儀には遠くにいる姉たちも参列したとのことである。

こんな話はかつては稀なことではなかったと思う。これに法律を当てはめると、A子とB夫婦は実親子でも養親子でもないことになる。かりにB夫婦に他に実子か養子がいたとしたら、B夫婦の遺産を受けたA子は相続人ではないので、返還請求されてもやむをえないわけである(もっとも、戸籍上の父母・親族からの恣意的な親子関係不存在確認請求を権利濫用として排除すべきだという見解もある)。

現在の戸籍法では、出産に立会った医師や助産婦が出産証明書を書く(第四九条三)。「藁の上からの養子」のためには出産に立会った医師または助産婦が虚偽の証明書を書くことになり、刑法の公正証書不実記載(第一五七条一)などの犯罪になりかねない。

一九七三年、宮城県石巻市の菊田医師が、生まれたばかりの赤ちゃんを、自分たちの子として育てたいという夫婦にあっせんしていた事実が明らかになった(菊田医師事件)。菊田医師は、子捨て・

子殺しを防ぐにはこれしかなかったと述べている。

何らかの事情で親元で育つことのできない赤ちゃんを戸籍上の実子にできる制度をつくるべきだという議論はその前からあったが、この事件をきっかけにして、一九八七年民法を改正して、特別養子制度が創設され、従来の養子制度は以後普通養子縁組制度と呼ばれることになったのである。

## ●――普通養子縁組と特別養子縁組

二つの養子縁組を特別養子縁組の特徴に焦点を置いて比較してみよう。

①養親子関係は、普通養子の場合、養親となる者と養子となる者との間の契約（養子縁組届の提出）によって成立するのに対し、特別養子の場合は、家庭裁判所の審判によって成立する（民法第八一七条二）。

②普通養子の場合は、実親との法的親子関係が残って二重の親子関係となり、相続や扶養に複雑な問題をもたらすのに対し、特別養子の場合は、実親との法的親子関係は切断され（民法の規定では「終了」。八一七条九）、養親との親子関係だけとなる。

③特別養子の場合には、戸籍上一見して養子とわからないように特別な配慮がなされている（戸籍法第二〇条三）。

④特別養子縁組は子どもの福祉のためにある。「特別養子縁組は、父母による養子となる者の監護が著しく困難又は不適当であることその他特別の事情がある場合において、子の利益のため特に必要があると認めるときに、これを成立させる」（八一七条七）。

「その他特別の事情がある場合」と含みをもたせているので、児童福祉法の「要保護児童」（「保護者のない児童又は保護者に監護させることが不適当であると認められる児童」第六条三8）より広いと言ってよい。

その他、原則として養子となる者の年齢は六歳未満、父母がいる場合には父母の同意が必要であり、六か月以上の試験養育期間を経ており、離縁はみとめられないこと、などが特別養子縁組の特徴である。

特別養子縁組の創設から二五年が経っているが、当初年間三〇〇〇件あった新受申立件数は徐々に減っていって、現在は四〇〇件程度に落ち込んでいる。このうち申立を認容した数はさらに減って年約三〇〇件である。養子であることを子どもや世間に知られたくない養親の心情に合った制度だと、待ちわびていた養親希望者が当初どっと家庭裁判所に殺到したが、家庭裁判所の審判が厳格なので徐々に申立が減ったのかもしれない。施設に入所している要保護児童の数（三万数千人）からみても、特別養子縁組の数はあまりにも少ないと思われる（『里親と子ども』Vol.5 明石書店 2011）。

一方普通養子縁組は、自分より年上の者とか尊属（年下のおじ・おば）を養子とすることができないだけで、成年者であれば誰でも養子をとることができるという、きわめて緩やかな制度である。手続きも簡単で、養親となる者と養子となる者との間の合意（契約）にもとづき、養子縁組届を作成し戸籍の窓口に提出して受理されれば成立する。

養子となる者が未成年者の場合、満一五歳以上なら単独で養子縁組に合意できるし、一四歳以下なら親権者などが代わって養子縁組の契約をする。生まれたばかりの赤ちゃんでも同様である。なお、未成年者を養子にする場合は原則として家庭裁判所の許可を得なければならない（七九八条）。これは子どもの福祉のための養子と期待されて戦後に新設された規定であるが、実際には、子どもに不利益になる縁組を事前に阻止する役割にとどまっている。「自己又は配偶者の直系卑属」（たとえば妻の連れ子）を養子とする場合には、許可不要としていることも、この規定の存在意義を減殺している。夫が妻の連れ子を虐待している事件が多く見られるので、検討の余地があるように思われる。

二〇〇八年度の統計でみると、全養子縁組届数が八万九一一六件、うち未成年養子の許可を受けた届出が九七三件、特別養子縁組の認容審判を受けた届出三〇九件。それ以外は、成年養子と許可の要らない未成年養子の届出である。連れ子養子の数もかなりあると思うが、成年養子の数が圧倒的に多いことは確実である（五、六万件？）。

この成年養子縁組は何を目的として締結されているのだろうか。伝統芸能や伝統工芸の世界は別として、いわゆる家意識にとらわれ、婿養子などの跡継ぎを目的とするものも問題だが、相続税の節税など、養子制度の濫用事例が多いと推測される。法務省などによる大規模の実態調査が必要である。その結果にもよるが、私はあいまいな成年養子制度は廃止するほうがすっきりすると思う。

## ●――養子縁組の「あっせん」問題をめぐって

特別養子縁組では今「あっせん」問題がホットな話題になっている。一部の新聞報道だけで論評できないが、もし養子縁組あっせんを営利目的のビジネスにしようとしているなら、論外である。私は、養子縁組、とくに特別養子縁組の場合には、誰かが「あっせん」に携わることが必要で、それを誰がどのように行うかを規制する、最低限度のルールが必要だと思う。この問題は、さかのぼっては「菊田事件」から表面化して、現在熊本市の慈恵病院で行われている「こうのとりのゆりかご」ともつながり、さらには、フランスなどで実施している匿名出産制度の是非というグローバルなテーマである。ここではとりあえず、わが国における現状を概観してみよう。

未成年の子どもが養子となる場合は、普通養子の場合であっても「あっせん」する人あるいは団体が関わっているのが普通だろう。ただわが国の普通養子は親族養子が多いので、「あっせん」がとくに法律上の問題とならなかったのだろう。児童福祉法は、「営利を目的として、児童の養育をあっせんする行為」を禁止しており(三四条一8)、違反者は三年以下の懲役または一〇〇万円以下の罰金を課すとしており、これで事足りたのだろう。

しかし実親との法的親子関係が断たれる特別養子縁組の創設により、ふさわしい養親か養親子間はうまくいくかなど、従来にもまして「あっせん」が慎重になされる体制が必要になった。これについては、法制審議会でもかなり議論されたようだが、結局は、これまでどおり、主として児童相談所が里親委託手続きの流れで対応することとし、民間のあっせん機関については、一九八七年一〇月に、当時の厚生省児童家庭局長から都道府県知事宛に、「養子縁組あっせん事業を行う者はその旨の〈届出〉をしなければならない」、と「通知」された。たんに起業を届出るのではなく、「適正な養子縁組のあっせんを確保するため」として、「ア　事業を行う者の住所、経歴及び資産の状況、イ　建物その他の設備の状況、ウ　養子縁組あっせんの実務を行う者の氏名、経歴及び勤務の形態、エ　養子となるべき児童及びその家庭に対する調査、指導の内容、オ　養子希望者及びその家庭に対する調査、指導の内容、カ　事業の収支計画」を報告せよとしている。だが届出しなくても罰則はなく、届出た場合にも都道府県知事が実際にどういう指導などをしたのか不明だった。

二〇〇四年一〇月と翌〇五年五月の二度にわたって『読売新聞』の社会面に、「赤ちゃんあっせん」という連載記事が掲載され、あっせん費用の名目で高額の金銭を要求しているあっせん業者の存在が指摘された（高倉正樹著『赤ちゃんの値段』講談社 2006）。そして、事業者を監督・指導する自治体担当者の間でも、事業者の徴収しうる費用の内容について混乱のあることが明らかになった（湯沢雍彦編

著『要保護児童養子斡旋の国際比較』日本加除出版2007）。

そこで厚生労働省は、民間あっせん事業者を対象とするガイドラインを策定し、二〇〇六年八月、家庭福祉課長の名で都道府県・指定都市民生主管部局長宛に「実費又はそれ以下の額」以外の金品は、いかなる名称であっても受領してはならない、寄付金は任意のものに限られ、養子縁組手続き完了前の寄付金の受領や約束をしてはならない、など細かく定めた通知を出した。

さて現状やいかに？　厚生労働省の家庭福祉課が二〇一一年度に届出のあるものについて調べた結果は、およそ次のとおりである。

まず、事業者数は一五（個人二、団体一三）、養子縁組あっせんの成立状況は、普通養子が九件、特別養子が一二七件（希望者が国内に居住一〇三件、国外に居住二四件、国内より国外のほうが多い団体が三団体ある）。成立ケースでの実費などの受領状況をみると、一五事業者の平均額は実費四五万三千円（最高二〇五万九千円）、会費一万一千円（最高四万五千円）、寄付金四六万八千円（最高一八〇万円）であった。

二〇〇六年の「通知」は「交通、通信等に要する実費」の範囲は、「例えば、交通及び通信に要した費用、養親の研修、面接、家庭訪問、カウンセリング等に要した費用等養子縁組あっせんに着手してから縁組の成立までの活動に要した費用、実母が出産するに要した費用、子どもの引き取りまでの費用等や、また国際養子縁組あっせんの場合はあっせんに必要な文書の翻訳料及びビザ申請書類作成費等が考えられる」とくわしく例示している。

二〇一一年度の実態が、この基準に合致しているかは判断のしようがない。もちろん各事案ごとに判断すべきものだが、実費として約二〇六万円を受領したケースは、常識的にみても高すぎると言わざるをえないだろう。届出なしであっせん事業をやっている業者もいるはずだから、養子あっせん事業はなお無法地帯といっても過言ではないだろう。

この現状を憂う有志の間で「養子縁組あっせん法」を作ろうという運動が起こり、法律の「試案」も作成されている。一日も早い立法化を期待したい。

早くから指摘され、この養子縁組あっせん事業の実態が明らかにされる過程で表面化してきたのが、「新生児からの養子縁組」である。先に紹介した里親委託についての二〇一一年の「ガイドライン」は、まさに新生児からの養子縁組、特別養子縁組を推奨しているのである。

ところが実際はどうか。二〇一一年度について、厚生労働省の家庭福祉課が調べたところでは、新生児等（〇歳児から二歳未満）の委託先は、乳児院が84.7%であるのに対し、里親委託は15.3%である。自治体別にみると、里親委託が多いのは、北海道（81.1%）、大阪市（100.0%）などであり、愛知県9.2%、東京都は4.6%にすぎない。さすがに厚生労働省も、「乳児院への措置の割合が著しく高い自治体が多い。新生児等からの里親委託の取組が必要」というコメントをつけている。

愛知県はまだ委託率は低いものの、新生児の里親委託（養子縁組）に積極的に取り組んでいる数少ない自治体の一つである。愛知県刈谷児童相談センター長（二〇一〇年当時）萬屋育子氏は、次のように述べている。

愛知県では「生んでも育てられない」「生まれる子を養子に出したい」という出産前の相談にも応じている。出産後、生みの親の「養子に出したい」気持が変わらなければ、予定していた里親に育児トレーニングをして、赤ちゃんは乳児院を経ずに産院から里親宅に引き取られる、いわゆる新生児の里親委託を行っている。特別養子縁組を前提としての里親委託である。

新生児の里親委託は、妊娠中の女性が安心して出産を迎えることができ、里親は通常の育児トレーニングで徐々に親になれるため、また何よりも子どもにとっては、生まれた直後から愛着の対象をもつことができるので、里親にも児童相談所の職員にも好評である。

児童相談所は養子斡旋に特化した機関ではないが、要保護児童をかかえ、一方で里親業務を行っているので、その仲介をするのに適した機関であると私は考えている。

厚生労働省も、これまで養子縁組里親をどう扱うかで迷走していたように思う。「ガイドライン」が新生児等の委託を児童相談所の重要な業務の一つだと強調するのは、児童相談所に対する過去のイメージを払拭し、いわゆる愛知方式を評価したものだと私は理解する。民間の養子縁組あっせん機関に高額の「実費」などを支払わずにすむことになるのではなかろうか。もっとも、民間のあっせん機関は、児童相談所が消極的だった新生児養子縁組の要請を満たす役割を果たしているということはできる。

最近の新聞報道によると(『読売新聞』2013.8.8)、熊本市のH病院が日本医師会の要請を受けて、病院としてはじめて特別養子縁組のあっせん事業に乗り出すことになり、ほかにも三県の三医療機関が参入の準備を進めているとのことである。

熊本市の慈恵病院は「こうのとりのゆりかご」を設置して、子どもの安全を確保し、いつでも相談に応じられる体制を整えて、児童相談所などとの連携をめざした(第1章参照)。しかし、子どもの生みの親が見つかっても、児童相談所を通してはすぐに特別養子縁組には向かわず、子どもは乳児院に入れられるだけだった。ジレンマを感じているのではないだろうか。

新生児養子縁組あっせんは、当面は、民間あっせん機関を適正に規制する「養子縁組あっせん法」の早期の制定と、愛知方式が全国に普及することを期待したい(奥田安弘ほか著『養子縁組のあっせん――立法試案の解説と資料』日本加除出版 2012)。

## 5――新しい時代に向けた新しい制度を

私は家族法研究の第一歩を「未成年養子の許可について」という論文でスタートした。養子法の勉強はその後もずっと続けていたが、民法の条文の解釈を中心として、法の枠組で現実を評価するという姿勢をとり続けていたように思う。しかし、「養子と里親を考える会」に参加し、児童相談所の職員、里親、児童福祉の実務を経験したうえで研究者になった人たちと接して、初めて問題の現場に足をつけることができたと感じている。いまさら里親にも養親にもなれないので、私のできることは、現場の問題をしっかりと把握し、その結果を私の専門の枠組に取り込んで、子どもの幸せにつながるような法や手続きの改革のために、ささやかな力をそそぐ、ということであろう。本稿の里親委託手続きにおける「自立支援計画策定案」もその一つである。

さらに以前から感じている問題は、児童相談所（または職員）と里親もしくは養親希望者の関係性である。率直に言えば、里親や養親希望者、民間の養子縁組あっせん業者は、児童相談所に対してあまりいい感じをもっていないようだということである。

たとえば、望まない妊娠をしてしまった女性が相談に行っても、「出産してから来なさい」と言われたとか、委託児の養育に悩んでいる里親が相談したくても、「それなら子どもを返しなさい」

と言われそうで思いとどまる、という話を聞いた。

一方、児童相談所の職員からは、一所懸命にやっているつもりだが不調のケースが出るので、施設委託に気持が動いてしまう、という悩みを聞くことがある。

これは児童相談所が置かれている行政組織上の問題に行きつくことになるのかもしれない。それはそれで改革の必要はあるが、現在の枠内でもできることがある。

一つは、児童相談所の職員も、要保護児童の自立を支援するという立場では、里親らと対等で優位に立つものではなく、子どもの成長を見守る一員にすぎないということを、里親を支援する第三者を入れて確認し、両者の対等性を確保することである。そしてもう一つは、児童相談所の職員が児童福祉の専門家としての意識をもつことである。県の職員としての意識(自分の所属する組織に奉仕する意識)ではなく、目の前にいる要保護児童のために奉仕するという意識への転換である。

里親委託優先の原則をうちだした厚生労働省の積極性に比べると、児童相談所の側は、一部を除きなお消極的であるようにおもわれる。愛知方式を特殊例としてほしくはない。

私の中での要保護児童支援の仕組の見直しは、今はじまったばかりである。今後どこまでやれるか自信がないが、できることを積み重ねていこうとおもう。

# 第3章

―

# 親代わりに頼れる人と場所

［未成年後見とシェルター］

松井美知子

「きしむ親子――家を失って」の連載記事が手元にある。『読売新聞』が二〇一三年五月一七日から三一日まで計六回にわたり朝刊で掲載したものである。各回のサブ見出しは順に、「育てられない親たち」「虐待　心病む子ども」「里親が癒す　心の傷」「会えぬ母との絆　求め」「社会で自立　支え必要」「悲惨な現実　涙と課題」。

記事の内容については場面に応じて後述するが、一言で言うなら「大変ショック」を受けた。親の意識の変化に驚き、子どもを取り巻く環境の厳しさを思い知らされた。

連載に先立つ同年五月四日付の『読売新聞』朝刊くらし面の記事「家庭面の一世紀　大正の子ども」にも注目したい。明治期において「子どもは国家のもの」という意識が社会に定着し、西洋の影響から子どもの権利や主体性を重視する考え方が芽生え、大正三年(1914)四月に創設された『読売新聞』家庭面(婦人面)は、子どもをめぐる問題を女性の生き方と並ぶ重要なテーマにしているという。「子供の権利」という言葉も紙面に登場しており、「子供本位」は大正時代のキーワードともいえるとある。すでに一〇〇年近く前から子どもに関する国家及び社会の関心が形成されており、子どもの問題が重要な課題になっていたことがうかがえる。

# 1――〈子ども〉を取り巻くさまざまな逆境

現代の子どもは、社会や家庭のなかでどのような位置におかれているのであろうか。

大多数の子どもは、両親や祖父母などの親族に祝福されてこの世に誕生する。だが一部の〈子ども〉は、成人に達するまでの間に父親や母親を失ったり、親が存在しても親に監護養育をしてもらえなかったりするのも事実である。

〈子ども〉がおかれているさまざまな逆境を整理すると、以下のようになる。

①親が死亡
②親が行方不明など、不在
③両親もしくは片親がいても、親から虐待を受けている
④親の経済的もしくは健康上の理由のため、養育や監護を受けられない
⑤親はいるけど親の元にいたくない
⑥家を飛び出し行く場所がない
⑦非行に走った

ケースが多い。

親の死亡、離婚、失業、疾病、経済的な理由、育児放棄など、逆境の要因の大半は親側に起因するケースが多い。

親を失った子ども、あるいは親に育ててもらえない子どもは、誰に育ててもらうのか、どこで生活するのか。親の虐待によりおうちに帰りたくても帰れない子どもはどうしたらよいのか、おうちに帰りたくない子どもがなぜ生じるのか。そうした子どもたちはどのように生きていこうとしているのか。

子どもはどこかで誰かに世話してもらえなければ、大人になることはできない。

こうした子どもであっても、いや、そうした子どもであればこそ、「社会のなかで育つ権利がある」はずである。

これまで私は、「判断力が衰えた高齢者の財産管理や身の回りの世話などを誰がどのように行うのか」という「大人の問題」を解決するため、「成年後見制度」にかかわってきた。研究者、弁護士、司法書士など専門家の多くも同様であったと考えられる。

本稿では将来をになう子どもに目線を据え、国家や社会がそうした子どもにどのような制度上の枠組を用意しているのか。用意された枠組は、うまく機能しているのか。枠組のなかで子どもはどのように育っているのか。枠組を利用していない子どもは、どこで誰に日常生活をサポートしてもらっているのか。制度上の枠組を利用している子どもと利用していない子どもに何か違いが生じているのか。紙幅の許す限り、紹介したい。

## ●──現状の枠組の整理

国は〈子ども〉に四種の枠組を設けている。里親制度、児童養護施設、養子縁組（特別養子縁組含む）制度、未成年後見制度である。里親と児童養護施設の所管は厚生労働省、養子縁組と未成年後見は法務省の所管である。〈子ども〉をめぐる枠組が二つの省に分断されているため、四種の利用状況などを一元的・横断的に把握できる資料やデータが見あたらない。本稿では、四種の枠組のうち未成年後見制度を中心にしながら、必要に応じて児童養護施設の実態にも言及する。未成年後見制度に関する文献として、鈴木ハツヨ『子どもの保護と後見制度』（創文社 1982）がある。

## ●──〈子ども〉はどのように生活しているのか

### ✣〈子ども〉の生活状況

佐伯祐子氏「未成年後見（監督）事件アンケートの分析と今後の課題」（『月報司法書士』四六七号三五頁 2011.1）によると、未成年後見人に就任した時の未成年者の年齢は、男女ともに一六歳から一九歳が全体の四割強を占め、五歳以下のケースはほとんどなかった。乳幼児の場合、第三者が後見となることは困難との判断がなされたためとしている。未成年者の生活状況は、「親族と同居」六七パーセント、「未成年者のみで生活」一七パーセント、「児童養護施設等で生活」七パーセントである。親を失った〈子ども〉が同居している親族の内訳では、祖父母が最も多く、おじやおばとの同居、父親との同居もある。未成年者の生活費を負担しているのは、未成年者自身の収入・資産によるものが全体の六二パーセントと最も多く、同居者の収入、公的負担の順であった。

「未成年者のみで生活」しているケースの多さにショックを覚える。

### ✣生活の場としての諸施設

厚生労働省のホームページをみると「社会的養護」という言葉に出会う。社会的養護とは、保護者のいない児童や保護者に監護させることが適当でない児童（要保護児童）を公的責任で社会的に養育・保護するとともに、養育に大きな困難を抱える家庭への支援を行うものである。具体的には、①里親、②乳児院、③児童養護施設、④情緒障害児短期治療施設、⑤児童自立支援施設、⑥母子生活支援施設、⑦自立援助ホームがある。二〇一二年一〇月一日現在、要保護児童数は約四万七千人である。③の児童養護施設が約三万人と最も多く、⑥、①、②、⑤、④、⑦の順となっている。

### ✣おうちに代わる「児童養護施設」への入所理由

児童養護施設は、家庭にかわる子どもたちの家であり生活の場であり、子どもたちの幸せと心豊かで健やかな発達を保障し自立を支援する施設である。ここでは二歳児から一八歳児まで、日本全国で約三万数千人が生活している。

厚生労働省「社会的養護の現状について」（参考資料 2013.3）によると、行政機関の権限で児童養護施設に子どもを入所させる理由としては、①父・母・父母の死亡、②父・母・父母の行方不明、③父母の離婚、④父母の不和、⑤父・母の拘禁、⑥父・母の入院、⑦父・母の就労、⑧父・母の精神的疾患等、⑨父母の放任怠惰、⑩虐待、⑪破産等の経済的理由、⑫児童問題による監護困難、⑬その他・不詳、などさまざまであることがわかる。一九七七年と八七年の上位三番は、ともに②、③、⑥の順であった。九八年になると、第一位に⑩が登場し、②は第二位に転落、③は大幅に減少している。二〇〇八年では⑩が全体の三分の一を占め、⑨、⑧、⑫、⑦の順である。二〇一一年度は入所者総数三万一五九三人中、上位五番は、⑩、⑧、⑫、⑦、②の順となっている。データからは、児童虐待による入所の急増がうかがえる。

**❖児童養護施設出身者の声**（あるブログより）

僕は物心ついた頃から児童養護施設で暮らしていた。親がいると会える喜びがある反面、親の都合で施設を入ったり出たりして子どもは振り回されるばかり。その点、僕みたいに両親がいないとずっと施設で暮らせるぶん、心の平静を保つことができた。社会の風は冷たい。両親の来ない授業参観、両親のいない運動会。養護施設に対する強烈な偏見。服が汚れているとすぐに「養護育ちは」と言われるから、身なりにも態度にも気をつける子ども時代だった。少しでも隙を見せると社会は「だから養護育ちは」という刃物で僕らの心を切り裂いた。「差別は駄目だ」と叫ぶ社会に差別はあり、虐待もあった。人身売買みたいな就職斡旋もあった。僕は幸い成績がよく公立の普通科に進み、養護施設では大学や短大に行ける人間なんて一割という状況のもとに大学に入り、働きながら大学生活を送り、ロースクールに行き、現在弁護士として働いている。

最近、所属する弁護士事務所のボスは「親が警察に逮捕され残された子どもが養護施設に預けられるという」事件を担当した。

犯罪者の子どもだなんて烙印を押されれば子どもの人生まで潰れるわけで、その子どもは「役場に届けられたらしい。親は子どものことを最後まで大事にしていたらしい」という肩書きを付されて養護施設に預けられたとボス弁は話してくれた。子は親を選べないからなあとこの世界にありふれた不条理を嘆くボス弁を前に、僕は血の気が引いていくのがわかった。

## 2——親に代わる未成年後見人

民法は、未成年者の監護・養育のために「親権」と「未成年後見」の二本立ての制度を設けている。

### ●——親権制度

民法は、「年齢二〇歳をもって成年とする」（四条）とし、「成年に達しない子は、父母の親権に服する」（八一八条一）と定めている。そして親権を行う者は、子の利益のために子の監護及び教育をする権利を有し義務を負う（八二〇条）とする。親権者は、未成年者に対し居所の指定、懲戒、職業の許可、財産の管理及び代表を行うことができる（八二一条から八二四条）。

親権の内容は、子の身上に関する監護と子の財産に関する管理に大別される。

親権者とは父母を指し、父母が共同で親権を行う。離婚の場合は、父母のどちらか一方か親権者になる。

### ✣親権の濫用

親が子どもに対してなすべき義務を十分に行わないことを親権の濫用という。例えば、子どもが仕事をしながらアパートに入居する契約をしたのに親がその契約を取り消す、子どもがアルバイトをするために必要な携帯電話の契約に親が同意しない、子どもに進学の意思があるのに親が勝手に退学届出を出すなどである。

**事例――「大ちゃん事件」**

子どもが事故で重篤な状態に陥ったにもかかわらず親が信仰上の理由から輸血を拒否したために、死に至った事件。マスコミも大々的に取りあげ、親権の濫用に当たるか否かをめぐって社会的関心をよんだ。一九八五年六月七日、当時一〇歳の大ちゃんが交通事故で運びこまれた救命救急センターは、即座に輸血しなければ死に至るかもしれないと十数回にわたり両親を説得したが、両親は「家族三人ともエホバの証人である」からと輸血を拒否した。そのため、大ちゃんの臓器に酸素を送り込む血液が不足して腎機能が失われ、死に至った。大ちゃんの死後、父親は「医師から輸血をＯＫしてほしいと何十回も言われたが、考えは変わらなかった。息子の復活を信じている。悲しくないわけではない。私たちの行動が正しかったかどうかは、私と妻が死ぬときにわかるはずだ」との態度を変えていない。エホバの証人でない者には、父親のコメントは不可解なへりくつと映るのではなかろうか。

## ✣親権を失うこともある

親権は子どもがきちんと育つためのものであるから、親が子どもに対して虐待や育児放棄などを行う場合は、家庭裁判所によって奪われることもある。これが親権喪失の宣告である。児童相談所長も家庭裁判所に対して親権喪失等の請求ができる。親が親権喪失の宣告を受け、未成年後見の必要が生じた場合、親には未成年後見人の選任請求義務が課され、家庭裁判所により未成年後見人が選任される（後述）。

また虐待する親がふえ、未成年後見の必要性がましていることを受けて二〇一一年に民法が見直され、親権停止制度が新設された（翌年より施行）。家庭裁判所が「父・母による親権の行使が困難または不適当であることにより子の利益を害する」と判断したときは、「二年を超えない範囲内」で親権停止を審判できる。さらに、親権喪失などの請求権を子ども本人や未成年後見人などにも拡大した。児童相談所長による親権代行も可能になった。詳細については、飛澤知行編著『一問一答・平成二三年民法等改正』（商事法務2011）を参照されたい。

**事例――「親権をとめられた二つの事件」**（『読売新聞』2013.5.17）

①西日本のある自治体は、未就学児童に手術などの治療が必要だったのに親が承諾しなかったので家庭裁判所に「親権者の親権停止」を求めた。二年間の親権停止が認められ、児童は必要な医療処置を受けたという。

②児童養護施設の退所を控えた高校三年生に対する親の心理的虐待が改善されないとして、親権

停止が認められた。

家庭裁判所により父または母について親権停止の審判がなされ、未成年後見の必要が生じた場合、親権喪失の場合と同様に、父または母には未成年後見人の選任請求義務が課される。

## ●——未成年後見制度

元来、民法は、法律上の親でない者が親権を行うことを原則として想定していない。しかし、親権者が死亡したり所在が不明になったり、また、いたとしても親権者が未成年者の財産などの管理権を有しないときも生ずる。未成年後見とは、そのような場合に家庭裁判所が後見人を選任し、後見人が未成年者の身上監護や財産管理を行うことで、子どもを保護する制度である（八三八条一）。

### ❖未成年後見人が必要なケース

家庭裁判所に提出する未成年後見の申立書には、主な目的として九種類が記載されている。未成年者の看護教育、養子縁組・養子離縁、入学、就職、パスポート取得、遺産分割、相続放棄、退職金・保険金等の請求・受領、その他である。具体例として

①親権者がいないので進学や就職のさいに必要な手続きができない

②親権者からの虐待で親元を離れ自立して生活するためにアパートを借りたいのだが、未成年の

ために親権者の同意および保証人が必要といわれ、契約することができない
③里親が里子の手術の同意にさいし、「親権者でないと法的効力がない」と医師から言われた
④里子が携帯電話料金を滞納したまま家出し、里親が電話会社に「親権者以外は解約できない」と言われたうえ、二〇万円を立替払いしたなど

通常、親権者が死亡しただけでは未成年後見がなされることは少ない。一般的なのは、親権者の死亡により、子どもが親の死亡保険金を受け取った場合や、親権者の両親（子どもの祖父母）の相続財産を子どもが代襲相続（親の代わりに相続する）した場合に、未成年後見人が子どもに代わって財産を管理するケースである。また、両親の離婚により片親親権となったが、親権を得た片親が死亡してしまった場合や、養子縁組をした後に何らかの事情でそれを解消した場合も、未成年後見の選任手続きが行われる。

未成年後見は親権の補充の制度とされているため、後見内容は前述した親権者の権利および義務に準じる。しかしながら、未成年後見制度は申立にもとづいて家庭裁判所が行う制度のため、十分に活用されているとはいいがたい現状である。

## ❖未成年後見人の責任および義務

家庭裁判所は、一五歳以上の未成年者自身、未成年者の親族、その他の利害関係人の申立により、子どもの利益の観点に立って未成年後見人を選任する。

選任された未成年後見人は、子どもの法定代理人になる。後見人は、原則として未成年者が満二〇歳に達するか婚姻や養子縁組などにより後見が終了するまで、未成年者の監護養育、財産管理および契約などの法律行為（後見事務）を行うことになる。

なお、財産管理をするに当たり、後見人や親族の名義で管理したり、後見人や親族に贈与・貸与したりすることなどはできない。未成年者の財産を不正に処分すると損害賠償を請求されたり、業務上横領などの罪で刑事責任を問われたりすることになる（裁判例は後述）。

また未成年者の監督義務者として、未成年者の不法行為（故意にせよ過失にせよ他人に損害を与えた場合）に対して賠償義務も生じる。この義務は、未成年後見人にとり過大な負担になるとの指摘を受けて、一部の自治体では児童本人と未成年後見人が加入する損害賠償保険料の費用を助成する事業を開始している（後述）。

さらに後見人は、後見事務内容について裁判所に定期的に報告する義務を負う。

未成年後見人は、親代わりとして子どもを育てている親戚や弁護士などの専門家が家庭裁判所から選ばれる場合もある。法人でも、複数でも就任できる。

### ✣法人後見・複数後見とは

二〇一一年の民法改正により複数後見も可能となったことにより、親族（親族後見人）とともに弁護士等の専門職（専門職後見人）、児童福祉施設を運営する法人、子どもの権利擁護活動を行っている法人、社会福祉法人などが就任できるようになった。

専門職後見人は、身上監護権も親族などとともに担うと解されている。つまり、親族とともに弁護士などの専門職が未成年後見人に就任し、親族後見人は身上監護と財産管理の両方の権限をもち、弁護士後見人は財産管理権のみを分掌することができる。こうした方法は、弁護士などの専門職が未成年後見人に就任することへの抵抗感が薄まるので、今後ニーズは高まると考えられる。

### ✣未成年後見人の利用状況とその件数

①日本弁護士連合会「未成年後見制度をより使いやすくするための制度改正と適正な運用を提案する意見書」（2012）によると、未成年後見人の選任件数は年間二五〇〇件前後からこの一〇年間漸減しつつあり、二〇一〇年度で約二一〇〇件である。東日本大震災により被災三県においてかなりの申立が見込まれる事態になった。

②厚生労働省によると二〇〇八年二月現在、児童養護施設や里親家庭で暮らす約四万人中、約三万人は実親らの親権者や保護者がいる。親がいないか不明の子は四八三三人、不詳が一四〇〇人。

毎日新聞が集計したところ、一九八九年度～二〇〇八年度、児童相談所長が未成年後見人を請求したのは計一七九件、承認は計一三四件にとどまっていた。

③二〇〇〇年度までの厚生労働省統計で、毎年一〇〇～三〇〇人台いた「棄児」のうち、親も親族もたどれないまま施設入所となる子が相当数いる。施設入所児や里子で親権者がいない子の未成年後見人は、「ほとんどいないのが現状」という(②、③いずれもhttp://prayermaria.blog74.fc2.com参照)。

未成年後見人があまり利用されない最大の理由は、多額な財産を有している子どもは稀であるということであろう。多額な相続財産がなければ、子どもの親族が監護養育に携わっているケースが大半と考えられる。

法改正により複数後見も可能となったが、実際、どの程度の利用があるのかについては、今後の運用状況に注目していきたい。

## ●――未成年後見人の業務事例、判例など

未成年後見人が担う具体的事例は、以下のようなものである。

①保険金の受領等の法律行為に対して代理権を行使

②元本割れの危険性が生じる金融商品への投資やその運用

③遺産相続において未成年者の法定相続分を確保する
④遺産相続の結果、債務が生じる場合は相続放棄をする
⑤未成年者の行った不適切な法律行為についての取消権を行使する

### ❖司法書士による未成年後見業務事例（『月報司法書士』四六七号二五頁以下参照）

**事例1**――両親が離婚し、親権者になった母親の死亡により子ども（八歳）の未成年後見開始。子どもは母親の生前に母方の祖父母から高額で多種多様な財産を相続していた。子どもが生活している施設が最寄りの家庭裁判所に相談。家庭裁判所から司法書士会の後見支援センター「リーガルサポート」に推薦依頼が来てA氏が職業後見人として未成年後見人に就任した。A氏は当初、施設職員から「母親のような愛情をもっと注いでほしい」といわれたが、子どもから授業参観や運動会にも呼ばれ、出向いて思い出を共有することで話題が拡がり、子どもがなついてくれたという。子どもには亡母の弟である叔父がいるが、A氏は必ず彼の立場を尊重して意見を聞くようにしている。

未成年後見人への報酬は、子どもの相続財産から支払われる。未成年後見人に報酬を支払ってまで管理するほどの財産を有していたケースである。

**事例2**――一四歳と一三歳の子どもは、父親が脳梗塞で倒れ数年後に亡くなり、母親は知的障害をもっていて親権を行使できない状態である。親族間で対立があるので第三者である司法書士が後見

人に選任された。現在、二人の子どもは母方の祖父母宅で生活している。思春期にある子どもの身上監護については、非常に難しい問題が生じがちだが、祖父母が事実上の身上監護をしているので大変助かっている。

## ❖未成年後見人の不正に関する判例

**判例1**——未成年者の後見人である女性が内縁の夫に子どもの不動産を無償で譲渡したことに対し、最高裁判所は利益相反になるとした（最判1970.5.22民集二四巻五号四〇二頁）。

**判例2**——子どもの預貯金の出納、保管の業務に従事していた未成年後見人ら三名が共謀のうえ、子どもの預貯金を引き出し、業務上横領で起訴された。最高裁判所は、民法上、未成年後見人は、子どもと親族関係にあるか否かの区別なく、等しく子どものためにその財産を誠実に管理すべき法律上の義務を負っていることは明らかで、家庭裁判所から選任された未成年後見人が未成年被後見人（子ども）の財物を横領した場合、未成年後見人と未成年被後見人との間に刑法二四四条一項所定の親族関係があっても、その後見事務は公的性格を有するものであり、同条項は準用されないと判断を下した（最高裁判所第一小法廷2008.2.18刑集六二巻二号三七頁）。

**判例3**——未成年後見人による子どもの財産の不正利用事件である。熊本市の「こうのとりのゆりかご（赤ちゃんポスト・第1章参照）」に甥を預け、未成年後見人の立場で管理していた財産を着服したとして、業務上横領罪に問われた被告の裁判で、さいたま地裁熊谷支部は、懲役四年六月の実刑判決を言い渡した。判決によると、被告は、埼玉県内で同居していた妹が交通事故で死亡し、遺児となった男児の未成年後見人に選任されたが、男児に支払われた生命保険金など（六八〇一万円）を引き出して着服した。当時三歳の男児を「ゆりかご」に預けた後、競輪などのギャンブルで金を使い果たし、愛知県内の警察署に出頭した（『読売新聞』2013.3.17）。

こうした不正防止のため、家庭裁判所は、未成年後見人を監督する「後見監督人」を設けている。後見監督人の機能強化が課題と言える。

## ●——未成年後見に関する新たな事業の開始

### ❖未成年後見人支援スキーム事業

二〇一一年の民法改正により翌一二年からスタートした「未成年後見人支援スキーム事業」は、親族を除いた未成年後見人への報酬や保険料などの費用を半分補助するものである。

横浜市は二〇一三年二月から、高校卒業と同時に市内児童養護施設から退所し未成年後見人が不在の子どもに対して、満二〇歳に達するまでの間、未成年後見人への月額報酬を上限二万円、助成している。助成要件は、

①横浜市児童相談所が支援を行う満二〇歳未満の児童
②同市児童相談所長が家庭裁判所に未成年後見人の選任請求を行った児童であり、家庭裁判所に認められた未成年後見人である
③児童の資産等の合計が一〇〇〇万円未満である
④未成年後見人が親族以外である
⑤児童相談所の措置などで入所している法人職員や里親が未成年後見人でないこと

以上①から⑤をすべて満たす場合としている（横浜市こども青少年局中央児童相談所「横浜市記者発表資料」2013.1.29）。

また、児童本人と未成年後見人が加入する損害賠償保険料の費用も助成している。これらの支援事業は、親権者のいない子どもへの未成年後見人の選任を促進し、その権利保障を図るものである。未成年後見による子どもへの支援を私的な支援にとどめず、社会的にこれを補完する趣旨を明確にしたといわれている。

千葉市も二〇一三年四月より未成年後見人への報酬などに対し助成している。助成要件は横浜市の②、③と同じ内容である。本制度の採用は、未成年後見人不足を解消する意味で高く評価できる。

## ❖後見制度支援信託構想

未成年後見人が子どもの財産を不正に利用する事件が後を絶たないので、最高裁判所は後見制度支援信託の構想を打ち出した。支援信託制度は、後見される子どもの財産のうち、日常的な支払いに必要十分な金銭を預貯金などとして後見人が管理し、通常使用しない金銭を信託銀行などに信託する仕組のことである。この制度は、判断能力のない成年の後見にも適用されるが、子どもの財産の適切な管理・利用のための方法の一つである。

財産を信託する信託銀行や信託財産の額などについては、原則として弁護士、司法書士などの専門職後見人が本人に代わって決定したうえ、家庭裁判所の指示を受けて信託銀行などと信託契約をむすぶ。信託可能な財産は、金銭に限られる。費用として専門職後見人および信託銀行などに対する報酬が発生する。

そのため相当額の財産を所有する子どもを想定した構想と考えられる。つまり、第一段階として選任された専門職後見人が財産の調査を行い、将来の生活設計に沿った収支予定を作成し、これに必要十分な財産が親族後見人の手元にくるような信託条件を設定して信託銀行と信託契約を締結する。第二段階として専門職後見人は辞任し、後見事務は親族後見人に引き継ぐというものである。

## ✣今後の課題

未成年後見制度をより利用しやすくするための諸制度が工夫されているにもかかわらず、既述したように未成年後見制度の利用は低迷している。多額な相続財産がないかぎり、親権者が死亡したり親権を失ったりした子どもの親族などは、家庭裁判所に未成年後見人選任の申立をしていないことがわかる。親権者がいない未成年者の多くは、未成年後見制度の保護によるのではなく、親戚などの世話(監護)になっているケースが多いと推測できる。

子どもが「自分の行いには自分で責任を持つ」二〇歳に達するまでの期間に、親権者の死亡などにより相続が発生したり、子どもが何らかの問題を起こしたり、問題に巻き込まれたときに、家庭裁判所に未成年後見人の選任申立がなされていると考えられる。

多額な財産を相続したわけでもない「一般の子ども」は、特段問題視されることもなく親族や里親の元で二〇歳まで、児童養護施設の子どもは原則一八歳まで生活し、「大人になるのを待っている」のだろうか。相続財産の多い少ないにかかわらず、子ども自身の利益の観点から、未成年後見制度を利用するのが望ましいのか、実情に即して親戚の世話になるのが好ましいのか、ケースにより異なるだろうが、未成年後見の理念に立ち返り、子どもの関係者は真剣に検討する必要があるのではなかろうか。

## 3――〈子ども〉を守る児童福祉法と児童虐待防止法

### ●――児童福祉法

一九四八年一月一日に施行された「児童福祉法」一条一項は、国民の児童に対する努力義務を定め

すべて国民は、児童が心身ともに健やかに生まれ、育成されるよう努めなければならない。

ものとする。本項は、児童に対する国民の努力義務であることはもとより、国家の努力義務規定と位置づけている。

同条二項は、児童の権利を定め

すべて児童は、ひとしくその生活を保障され、愛護されなければならない。

ものとする。これも親権者からの生活の保障および愛護される権利はもとより、国家からの生活の保障および愛護を明確に規定している。

一条を受けて、保護者が児童を虐待したり著しく監護を怠ったりした場合の措置を定め、児童相談所長の採るべき措置（二六条）、保護者が児童虐待を行ったさいに都道府県のとるべき措置（二八条）などが設けられている。これらに関する判例を紹介したい。

**判例**――児童相談所長の報告を受けて市長が子どもに対して行った児童福祉法の規定による一時保護処分が違法であるとして、子どもの母親が市長に対して国家賠償法に基づく慰謝料請求を行った。裁判所は、児童福祉法にいう「必要があると認めるとき」とは、当該児童が保護者がいなかったり虐待を受けたりしていて保護者に監護させることが不適当であり、児童福祉法の措置を要すると認めるに足りる理由があるときと解するのが相当であるとしたうえ、当時、子どもの一時保護を行う必要性が存在していたとして、母親の請求を棄却した（大阪地方裁判所平成16（行ウ）103）。

**❖見直し規定**

民法の改正に伴い、児童相談所長による親権行使の制度も新たに導入された。未成年後見人がみつからない場合、子どもが里親に委託されている場合、児童相談所が一時的に保護している場合などには、児童相談所長が親権を行使できることになった。児童養護施設の長の親権代行についても、施設入所中の児童で親権者や未成年後見人のない者については、施設長が親権者または未成年後見人が決まるまでの間、親権を行うものとされている。

なお、里親委託中または一時保護中の子どもについては、未成年後見人の選任で対応しなければならない。

### ●――児童虐待防止法上の規定

児童虐待が深刻な社会問題となったことを受けて、二〇〇〇年一一月に「児童虐待を防止するための法律」が制定された。制定以来、同法は数回改正され、児童虐待への法的整備がある程度なされ、今日に至っている。

## 4――〈子ども〉が成長するためのさまざまな「おうち」

未成年後見制度の利用者が限られているうえに、里親制度や養子縁組制度の利用状況もあまりすすんでいない。ちなみに、二〇一一年度の全国の家庭裁判所が「養子の申請者に対して許可した」件数は一一三四件で、直近の五年間毎年減少している。この件数には、成年に達した人の養子縁組件数も含まれているので、未成年者の養子縁組数はさらに少数である。

児童養護施設に入所できた子どもはよいとして、退所後の子どもや、施設や実家、里親の家に帰りたくない子どもたちは、どうしているのだろうか。

## ●――児童養護施設退所後の〈子ども〉の受け入れ施設

**自立援助ホーム「ステップ」**――『岩手日報』（2011.3.2）によると、児童養護施設を退所した子どもを受け入れる自立援助ホーム「ステップ」が、盛岡市に開所した。児童養護施設を退所した子どもは、親が死亡または親が引き取らない場合、自活するか、寮のある会社に就職するほかなかったが、「ステップ」は、まさに施設を出たばかりの社会人を支援する場所とされている。

**NPO法人「日向ぼっこ」**――児童養護施設で育ったNPO法人「日向ぼっこ」代表の渡井小百合さんは、社会的養護施設出身者の一人として「施設出身の若者らに光を」との声を発信している。渡井さんは、幼い頃から、帰らぬ母を待って月に祈っていた記憶があり、小学六年生から高校卒業まで児童養護施設で過ごした。ある時、自分の生い立ちをプラスにしようと思い立ち、児童相談所や児童養護施設の職員をめざし大学の夜間部に入学。しかし、家庭に守られた環境で学ぶ他の学生や、現場を知らない教官たちとの意識のずれを感じ「同じ境遇の者同士で支え合おうと決心」し、大学で知りあった施設出身の友人とともに、社会的養護施設の当事者グループ「日向ぼっこ」を設立した。現在、社会的養護施設に関する勉強会を重ね、その質の向上を求める活動に力を入れている。

**子どもたちの相談所「ゆずりは」**——所長を務める高橋さんの元には、ひっきりなしに相談が寄せられる。家もお金もなく食べていくために性産業に足を踏み入れる少女たちが多い。ホームレスになった少年もいる。

昨年四月に出会った一六歳の少女もその一人。中学生の時に児童養護施設に預けられたがなじめず、施設を出てすぐに風俗店で働き出した。初めて会ったときは

「月に一〇〇万も稼いでいるんだよ」と言っていた。しかし、数か月後

「辞めようとしたら五〇万円の違約金を払えといわれた」とおびえて連絡してきた。

「そんなお金は払わなくていいのに、一〇代で社会に放り出された彼女たちにはそれがわからない。相談できる相手もいない」と高橋さんは話す（『読売新聞』朝刊「きしむ親子」家を失って（5）2013.5.22）。

## ●——〈子ども〉の一時避難所

「帰りたいが帰る家がない」「家はあるが帰りたくない」という子どもが増えていると言われている。こうした子どもたちを受け入れるシェルター的存在の「子どもの一時避難場所」がある。おもに十代後半の子どもたちを数週間無料で受け入れ、子ども一人一人に担当弁護士がつき、親と関係を調

整しつつ児童養護施設、子どもの生活や就労を支援する「自立援助ホーム」などである。こうしたシェルター事業は、二〇一一年より既存の児童自立生活援助事業のひとつに加わった。現在、神奈川、愛知、岡山、宮城、広島などの七都府県で開設されており、和歌山、北海道などでも準備が進んでいる。「カリヨン子どもセンター」は、わが国初のシェルターである。なお、シェルターに関する文献として、安倍嘉人・西岡清一郎監修『子どものための法律と実務』(二三〇頁、日本加除出版2013)、高橋温「子どものシェルターの現状と課題」(『月報司法書士』四六七号一六頁2011.1)がある。

**カリヨン子どもセンター**——社会福祉法人が運営する「帰る家のない子どもたち」「家に帰りたくない子どもたち」が共同生活をしている一時避難場所である。同センターが定期的に発行している『ニュースレター』によると、子どもが宿泊できる家を必要としている理由として、

①児童養護施設から就職したが就職先でうまくいかず戻る先がない
②身体的虐待を受けて一時保護する必要があるが一時保護所が満員で入所できない
③虐待を受け家出をしたうえに妊娠してしまい帰る家がない
④家庭裁判所が試験観察や保護観察にしたくても身を寄せる場所が少年院のほかかない
⑤進路の希望を親に認めてもらえずに親から躾という名の暴力を受けている

⑥高学歴の両親の期待にそえず家庭にいられなくなった

など実にさまざまであることがわかる。こうした子どもたちが同センターのスタッフと共に暮らし、仕事に就き、お金を貯め、生活力を身に付け自律をめざしているようすが手に取るようにわかる。

近年、シェルター利用を必要とする子ども数が急増している要因として

①シェルターの存在が周知されるにつれて、これまで家庭や地域の中でひどい目にあっていても諦めるしかなかった十代後半の子どもたちが助けを求めるようになった

②子どもを育み守る力を失う家庭が、急速に増えているため

と考えられると指摘している。帰る家のなかった子どもたちは、同センターに迎え入れられたことにより、十分な食事・ゆっくり休める個室・おしゃべりや買い物に付き合ってくれるスタッフとの生活の中で、少しずつ落ち着いていくという。

民法改正により未成年後見人は法人でも可能となったので、実質的には短期の未成年後見人役を担っていると考えられる。

**シェルター「丘のいえ」**――愛知県の子どもセンター「パオ」が運営している民間施設の一時的避難所。一七歳のあきは、幼いときから母親が再婚した継父から虐待を受けてきた。殴る、蹴る、「お前はバカだ」の言葉の暴力が毎日。「家は冷蔵庫の中の闇のようだった」。誰にも言えず家出をくり返し、母にも「お前なんか死んだ方がまし」といわれた言葉が心に刺さったままリストカット、シンナー、覚醒剤、出会い系……。生きている価値も実感も見失って自分を傷つけ続け、家庭裁判所の審判で女子少年院に送られた。でも、そのとき出会った弁護士の「あなたが悪いのじゃない。自分を取り戻そう」の一言を支えに少年院で学び、社会復帰を目指し仮退院の日が近づいたが、家には戻りたくない。かといって行くところがないあきに、面会に来た弁護士は「子どもセンターパオ」のシェルターを紹介。あきはシェルターで、継父に知られることなく、安心して生活しながら、支えてくれるスタッフと次の自立へのステップをゆっくり考えている（http://www.pao.or.jp）。

**岡山県の子どもシェルターモモ**――モモの高橋温事務局長は、児童相談所の一時保護とは別に子どもシェルターが必要な理由として、第一に一時保護の対象とならない一八歳以上二〇歳未満の子どもの居場所がないこと、第二に少年審判を受ける子どもや少年院から仮退院する子どもの居場所がないこと、第三に集団生活に適さなかったり、誤った情報や誤解に基づいて「施設」に入所することに否定的な子どもの居場所がないことであると述べている。

**横浜市の子どもセンターてんぽ**——てんぽの景山秀人理事長は、シェルターにやってくる子どもたちは、これまで何度も施設と家庭を行ったり来たりしてきた子、初めて家を飛び出した高校生、漫画喫茶で長く寝泊まりしていた子、野宿に近い生活をしていた子。どの子も周囲から大切にされず、居場所をなくし、自分という存在や生きることの自信を失ってしまっている子どもたちであるという。

## ●——施設やシェルターの保護を受けずに成人したケース

### ✣今二二歳、社会人女性の叫び（あるブログより）

私も生まれたときから母親、祖母しかおらず、母親は育児放棄で祖母に育てられた。小学　年の時に母がもう一度私を育てたいといってきて、ついて行くと義理の父が居て虐待。半年後、これに気づいた祖母が愛媛から神奈川まで来てくれて、そこからは祖母と生活保護を受けながら育った。高校二年の時に母親がクモ膜下出血で植物人間状態へ。大学の入学金を借りようとしたら、生活保護を受けてる人に……と、断わられ仕方なく会社へ。社会人になってからは籍を移し一人暮らしを始めた。手取り一二万円の会社で一人暮らしは死ぬ思いであったが。社会人一年目の冬、祖母が首つり自殺。今、うつ病になってもう何をどうしたらいいのかわからない。幸せって何かわからないし、周りとの価値観が違いすぎる。親が居なければ家を借りるのもお金にも困ってしまって。どうやって生きていけばよいのか聞きたい。

### ❖親がいない奴は幸せになれない（男性のブログより）

俺は母親に虐待、否定されて育ち、人間不信、対人恐怖の人生。でも、親がいないのとは次元が違うのに気がついた。親がいなくて精神的にきついって言うのは、俺の想像を絶する。俺は自費で大学行ったんだけど、昼学校で働いて夜はタクシーの運転手やってた。このバカどもだけには絶対に負けたくねえって思って頑張るしかなかった。俺は性格が半分破綻しているけど、運良く良い嫁さんに拾われた。嫁さんにたくさん教わったよ。幸せって言うのは何なのか、本をたくさん読んだ。どうやったら子どもが幸せになれるのかもいっぱい読んだ。今子どもがいるけど、子どもの前だけでは、破綻した性格を見せないようにして、頑張っている。

### ●事例――東日本大震災によって生じた孤児の問題

――プライベートな話題である。周知のとおり、二〇一一年三月一一日に発生した「東日本大震災」は、岩手、宮城、福島県他に人身上および財産上の甚大な被害・災害をもたらした。岩手県陸前高田市だけでも死者数は一八〇〇人弱に達した。

同市在住だった五〇代の従弟夫婦は、同市の指定避難場所であった「市民会館」に各々避難したものの、市民会館が丸ごと大津波により水没したために命を落とし、三人の子どもたち（大震災当時二二歳、一八歳、一五歳）が残された。幸い、従弟の配偶者の兄（A氏）が地元にいて三人を引き取った。

その兄は、実質的に未成年者二人の未成年後見人の立場になった。大震災から九か月後の一二月のA氏の話によると、従弟夫婦の（市民会館の近くにあった）自宅跡地は、地元自治体に公共用地として買い上げの対象になったようである。また東日本大震災の犠牲者の遺族には、国から災害弔慰金として、死亡者が生計維持者の場合五〇〇万円、その他の場合二五〇万円が支給されている。三人の子どもにもたらされた自宅跡地の売却代金、父親の死亡保険金、災害弔慰金および義援金などの財産管理は、A氏に委ねられることになる。大震災から三年近く経過した今日、二人の未成年者はA氏に見守られて健やかな日常生活を送っていると推測している。他方で未成年後見人に相当する立場に立たされたA氏は、「荷が重い」と感じることもあるに違いないと推定できる。

厚生労働省「社会的養護の現状について」（参考資料2013.3）によると、親元で育てられていない子どもで家族との交流がないケースが、里親委託児では約七二パーセント、乳児院児では約二〇パーセント、養護施設児では約一六パーセントとなっている。

里親委託児に交流がないのは頷けるとしても、乳児院児や養護施設児に交流なしとする割合の多さに、寂しく悲しい気持になる。親側に子どもと交流したくてもできない何らかの事情があることは推察できるとしても、「子どもに何の責任もないのに！」と声を大にして代弁したい。子どもにとり家族との交流は、生きていく上でのビタミン剤の働きをなすものである。一人でも多くの子どもにビタミン剤が行き渡ることを願いたい。

さまざまな「おうち」で生活した過程を肯定的に捉え、親に対する認識を再構築しようとする取組もはじまっている。

## ●――ライフストーリーワークとは

英国では施設や里親家庭で暮らす子どもに生い立ちを知らせる「ライフストーリーワーク」が広く取り入れられている。ドイツには子どもがトラウマ体験を語り自分史を作っていく心理療法がある。日本ではこうしたプログラムや療法の導入が始まったばかりだ。

大阪府の児童養護施設「あおぞら」。中学校一年の少女の机には一冊のファイルが大切にしまわれている。小学校三年生になった頃から職員に「お母さん、いつ迎えに来てくれるんやろ」「顔を見てみたい」と母親のことをくり返し尋ねるようになった。だが、母親はすでに新しい家庭を築き、少女を引き取る意思はなかった。

職員が児童相談所の職員と話し合い、少女に提案したのがライフストーリーワーク。少女は職員と一緒に自分が生まれた病院や赤ちゃんの頃に母と暮らしたマンションを訪ね歩いた。マンションを見ると「立派だね」と喜び、写真を撮ってファイルに貼り付けた。自分の生い立ちをたどり、母親との絆を一つ一つ確認していく。その過程で職員が母親は迎えにくることはないという事実を告げた。少女はひどくショックを受け、しばらくは無気力になった。それでも作業をやめることはなかった。しだいに落ち着きを取り戻し、中学生の今は「ここから大学に行きたい」と将来についても語るようになった（『読売新聞』朝刊「きしむ親子」家を失って（4）2013.5.21）。

こうした試みが全国的なものとなることを祈念しつつ、応援したい。

## 5——懸命に生きる二〇年間を支えるもの

親を失い頼れる人がいない、親はいるが頼れない、親に頼りたくない〈子ども〉の事例や状況を考えてきた。未成年後見の利用数は極めて低いため、資料やデータが乏しく、詳細な検討は今後の課題である。子どもの多くは、身内や親戚で監護・養育されていると考えられる。未成年被後見人、里子、養子縁組のいずれにも属さない子どもは、児童養護施設で生活し、短期的には民間のシェルターを生活の場にしているケースも確認できた。

さまざまな事例には、〈子ども〉が懸命に生きている姿、生きようとしている姿がうかがえる。

二〇歳に達するまでの期間は、短いようで長いかも知れない。最も多感な時期に、「親に見守られない」で青年期を過ごすのは、切なく、悲しく、時には苦しいに違いない。事例に登場した〈子ども〉の健気な姿から、何かをくみ取ってほしい。

国は、子どもに対して十分とはいえないまでも憲法、民法、児童福祉法などで「親の元でなくても大きくなれる」ようにしている。それが未成年後見制度であり、里親制度であり、児童養護施設であり、類似の社会支援策である。子どもの権利として、子どもの関係者として制度や社会支援策をフルに利用・活用してほしい。

〈子ども〉や関係者は、活用の仕方やわからないことがあれば周囲の誰かに尋ねてほしい。そして「児童養護施設出身者の声」で紹介した男性のように、NPO法人「日向ぼっこ」を立ち上げた女性のように、成人に達した後の長い人生を自らの信念で歩み続けていってほしい。

社会参加に携わっている者の一人として、こうしたメッセージを本書の主人公である〈子ども〉や関係者の心に語りかけることができるなら、望外の喜びである。

# 第4章

—

# 別れても親、離れても親

［面会交流をサポートする］

深沢 實

## 1――面会交流はどのように行われるか

両親の別居や離婚は、子どもにとっても精神的・物理的に重大な影響をおよぼす一大事である。面会交流は、一つ屋根に一緒に暮らせなくなった親と、定期的・継続的に会って話したり遊んだりすることであり、それによって、自分には両親がいて、どちらの親からも愛され大切にされていることを子どもが実感するためのものである。

また親同士も定期的に会うことによって、夫と妻という関係から子どもの父と母という立場に気持を切り替え、共に子どもの成長を見守り、経済的サポートと精神的サポートを継続する動機づけにもなる。

千葉ファミリー相談室FPIC（Family Problems Information Center　公益社団法人　家庭問題情報センター）で、面会交流をサポートしてきた実務者の立場から、交流がどのように行われ、どのような問題点があるのかを明らかにしたい。

### ●――離婚数に比べると面会交流はまだまだ少ない

面会交流は、家庭裁判所の調停や審判を経てサポート機関へ持ち込まれるケースがほとんどである。

二〇一二年度の家裁への面会交流の申立件数は約一万件。同年度の協議離婚数、および家裁が受理した離婚事件などから考えると、世間の大多数の子どもは、親の一方とは生き別れのままになっているのが現状である。

離婚（別居も含む）家庭の子どもが離れて住む親と面会交流できることは、ある意味では、恵まれているケースと言えるかもしれない。

面会交流が年々増加している主な要因は、以下のとおりである。

①離婚数（累積年）の増加（二〇一二年度の全国の離婚数、約二四万件）。
②少子化傾向により、数少ない子どもへの親や親族の関心度が高まっている。
③民法改正により、第七六六条（二〇一二年四月一日から実施）「父又は母との面会及びその他の交流……子どもの利益を最も優先して考慮しなければならない」と明記された。
④協議離婚の場合、市町村（行政）へ提出する「離婚届書」に面会交流と養育費についての取決めの有無をチェックする欄（指導要綱）が設けられた。

## ●——面会交流サポートの順序と手続き［FPICの例］

①当事者（父か母）、もしくは代理人のいずれかが電話ないしは直接来室してFPICとコンタクト

する。

②ＦＰＩＣの当日の当番会員が、電話もしくは直接に、事情を聴取し、説明して、事前相談を受付ける（この段階では、相手との合意成立を必ずしも必要とせず、相談のみの受付も可能な場合もある）。

③ＦＰＩＣは、申込者の氏名（父母）・年齢・子ども（年齢など）・住所・連絡先（携帯電話番号）などを受付票に記録。他方の親からも「面会交流の前の事前相談の希望があれば、ＦＰＩＣに連絡するよう」念を押す（ＦＰＩＣから他方の親に直接連絡せず、当事者の意思を確認するためにも相手方からの連絡を待つことをルールとしている）。

④受付けた事案を担当する援助者をきめる（原則として二名）。

⑤指定された援助者は事前相談の日時を当事者へ連絡する。

### ✣事前相談（面接）

「同居親」（監護者）および「別居親」（面会者）が、ＦＰＩＣで相談するもので、別々に行われるケースが多い（代理人の同席はむしろ歓迎）。

面会交流について、以下のことを説明する。

①親子の面会交流の大切さ、重要さを話合いながら確認。

②面会交流は父母の期待や要求を実現するためでなく、子どもの健全な成長を図るために行うこと。
③面会交流援助は、長期的展望にもとづいて親子関係の継続・再構築を支えることにより、いずれは援助者なしで交流できることをめざす、父母の心理教育の場でもあること。
④面会交流の合意前の問題（紛争）の調整、交渉、仲介の場ではないこと。
⑤裁判所で係争中の案件も多いが、原則としてその内容にまで介入しない。

次の場合は援助を中止することもあると念を押す。

⑥相手方や、援助者などに対する暴力、暴言、威圧があった場合。
⑦連れ去りまたは、それを企んでいる姿勢がうかがわれる。
⑧別居親が子どもと同居親の自宅や学校・保育園などの近辺に立ち現われる。
⑨その他、面会交流の中断、ルール違反など。

面会交流援助について理解し、合意できたら、父母と援助者（ＦＰＩＣ）間で合意書（契約書）を取交わす。

## ✣面会交流におけるサポートの種類

安全管理・危機管理などのため原則として援助者は二名。

**①――連絡調整援助**

両親が直接連絡をとりあうことが困難な場合が多いため、援助者が双方に連絡をとり、日時、場所などを調整。

**②――相談室での付添い援助**（父母双方とも相談室内・または近隣散歩など）

父母および援助者二名とも相談室内が原則、父母は分離の場合が多い。

**③――相談室での受渡し援助**（父母どちらかが相談室外で待機）

父母が顔を合わせられない場合、子どもと面会者（別居親）は相談室、同居親は相談室外で待機、または同居親が室内に残り、別居親と子どもが外出する場合もある。

**④――相談室外での付添い援助**（公園・ファミリーレストラン・子ども交流館・子育て支援館・遊戯施設などでの面会交流）

基本的には援助者一名が同行、他の援助者は相談室などで待機。

**⑤――相談室外での受渡し援助**

子ども、父母、援助者全員相談室外の外部にて子どもの受渡しなどを確認して、面会交流時間、終了時の集合場所などを相互に確認して面会交流に入る。

このケースは面会交流の当事者がある程度のレベルに成長していることが必要。

## 面会交流援助申込書兼合意書 ［FPICの例：面会者用・監護者用別途に2通作成］

平成　　年　月　日

公益社団法人家庭問題情報センター千葉ファミリー相談室御中

申込者（面会者／監護者）父・母

住所　〒＿＿＿＿＿＿＿＿＿＿＿＿＿＿＿＿

氏名　＿＿＿＿＿＿＿＿＿＿＿＿＿＿＿　印

案内書及び事前相談により、貴相談室が実施する面会交流援助の内容を了解した上で、面会交流援助を申し込みます［以下略］。

記

1. 面会する未成年者［複数の場合はそれぞれ記入］
   氏名＿＿＿＿＿＿＿＿＿＿＿＿平成　年　月　日生（　歳）　男　女
2. 援助内容
   （1）面会交流の連絡調整（日時、場所、時間、方法などの調整を含む。）［以下略］
3. 援助条件
   （1）短期（付添い型）面会交流（1回、2回）
   （2）継続面会交流（月1回、2カ月に1回、その他　　　　　）
4. 費用負担［略］
5. 申し込み内容の変更
   変更年月日　平成　年　月　日
   変更内容
6. 約束事項
   （1）面会交流場面には、父母の紛争を持ち込まない［主として離婚紛争］。
   （2）面会交流に関する要望は、必ず援助担当者を通す。
   （3）面会交流中は援助担当者の指示に従う。
   （4）父母は、未成年者の心身の安全に最大限の配慮をする。
   （5）「面会交流援助の案内」のルールを遵守する。

以上の事項は、申込者双方（面会者及び監護者）が合意したものであり、遵守されない時は、援助中止もある。

公益社団法人家庭問題情報センター千葉ファミリー相談室は、以上の申し込みを承認し、受理する。

平成　年　月　日　公益社団法人家庭問題情報センター千葉ファミリー相談室　印

援助担当者［原則2名］　印

援助担当者　印

# 2——さまざまな事例

**case A——難航した離婚紛争後、自己中心的な別居親との面会交流**

♠父　三〇代（公務員）、♥母　三〇代（公務員）

♣子ども（男）一歳八か月（面交開始時）　母・祖母と三人同居

子どもが生後半年で別居→調停・裁判離婚、月一回面会交流、費用折半

**✣経緯**

別居中（離婚調停中）に事前相談。当初から別居親（父親）は我が強く、自己中心的、攻撃的で、離婚も子どもに会えないのもすべて同居親（母親）が悪いという主張を貫いている。

母親は父親と顔を合わせるのはもちろん、声を聞くことさえできないほどストレスを感じており、心身とも疲弊している。

調停条項にも面会交流は明記されており、家裁での試行的面会交流も行い、ＦＰＩＣの手順どおり、父母別々に事前相談し、契約書もそれぞれと取り交わした、この間も父親の発言は攻撃的であった。少々不安を感じたが「まずやってみよう」と判断し初回の日時を決めた。

当日、母と子どもは祖母同伴で来室、父親とは事務所内では仕切りで分離された状態で、援助者が子どもの手をとって父母間を往復するかたちでスタートした。

危惧していたとおり、父親の所へ連れて行ったとたん「やだ！　やだ！」の大泣きで母親の元に逃げるように戻って来た。母親と援助者がいろいろなだめても効果なし、その他いろいろと手を尽くして努力してみたが収拾はつかなかった。

父親は態度を変えることなく、一方的に「こんな子どもにしたのは、すべて母親の養育が悪い」と主張して援助者の助言に応じてくれる状態ではなかった。

結局、当日の面会交流はできず、まず母子が帰り、しばらくして父親が帰った。

**✣問題点**

① 調停中、裁判所の児童室で行った試行的面会交流の状況はどうだったのか。父母が別居したとき、子どもは生後八か月（乳幼児）、父親を分別できないはずで、試行的面会交流も父親が「あやす」程度で、「本番の面会交流」が円滑にいくのか、裁判所の関係者には予知できなかったか。

② 第一回の面会交流の不成功は、子どもが、父親の母親に対する威圧的な発言や態度に恐怖感を抱いたことによる。離婚原因からのすべてを母親のせいと考えている父親も、この雰囲気を察して優しく迎えるようなことができなかった。

③自己主張ばかりで相手の気持を理解できない父親のアグレッシブな態度。事前相談時にも援助者が「母親（ママ）に対する攻撃的な言動はやめてください」とお願いしたが、聞く耳をもたずすぐ反論する性格はなかなか直らないようだ。

④父親は、すべて自分の意見と相反する者（援助者も含む）には、独自の理論を述べたて、協調性がうかがえない（帰りがけに離婚訴訟の話題が出たが、裁判所や弁護士への不平不満の発言が多かった）。

⑤一歳前後の幼児の場合、父親と母親とはほとんど密着に近い距離での同席面会交流（母親は子どもを抱いている場合が多い）になるため、母親はかなり我慢しなければならない。

⑥母親は、離婚による不信感、恐怖感、嫌悪感がいまだに尾を引いてストレスを感じ、落ち着いて子どもの面会交流に協力する余裕もなかった。

### ❖面会交流中断

第一回の別れぎわに、援助者が父親に、「この面会交流は子どもの成長を待って少し時間（年月）を置いたほうが良いのではないか」と助言したが、父親は聞き入れず不満を表して応じなかった。

援助者（ＦＰＩＣ）はそのまま、ペンディング扱いにしておいた。

その後双方は調停から裁判へ移り、代理人からの話では離婚は成立した。

中断後ほぼ一年半経過し、子どもは四歳に成長した。母親の代理人からの面会交流再開の話があり（父親からも面会交流希望中立があり合意成立）、ＦＰＩＣの援助方針および契約では、「前回のような事情で終了になった案件は契約内容にも抵触することで援助を中止する」と、お断りするはずであったが、代理人の強い熱意と要望に押され、仕切り直しで新たに事前相談からスタートした。

事前相談では、母親には、少々成長の兆しが見えたが、父親は自己主張と攻撃的態度に改善のようすはなかったが、前回の経験を生かして、再びトラブルを起こさないよう双方に注意して再度の面会交流に挑戦した。

**❖面会交流再開**

前回同様、父母を完全に切り離した状態で実施。同行してきた祖母は心配して近くの別の所で待機。久しぶりに会った子どもは体も大きくなり、たくましく成長していた。最初、表情は少し緊張気味で硬かったが、「パパ」と言って父親に近づき、打ち解け話しかけた。

どうなるかと不安であったが、予想外の展開で、母親も援助者も驚きながら感心した。援助者としても、やりがいを感じる良き体験であった。

この間の母親の努力（子どもに父親についてうまく話してきた）も見のがせないが、保育所に通いはじめた子どもが社会性や対人関係を身につけた成果がめざましい。

アグレッシブな態度が相変わらずの父親も、自分の子どもの変化には驚くとともに嬉しかったはずで、室内の空気は一変した。

子どもは「気配りさん」、「お利口さん」で、父親と会うことは自分が少々無理してでも両親が喜んでくれるのではないかと頑張っているようだった。みごとな成長ぶりを改めて痛感した。

このような流れで何とか月一回のペースで面会交流が続けられた。

ある日、母親から手紙がきた。


じつは、心配ごとが出てきました、再開後二回目の面会交流の前後、子どものテンションが高揚し、帰宅後疲れが出て、時々発熱するので悩んでいます。

とくに、子どもが父親との面会交流のあと、体調を崩し、おもらししたり下痢したりするので保育所も休みがちになりました。医師の診断では、内臓の病気ではなく、何かストレスからきている症状とのこと。面会交流が原因ですかと医師にお聞きしましたが、否定はしませんでした。

おばぁちゃん(祖母)からは面会交流の中止を迫られました。子どもはパパ(父親)を嫌がってはいませんが、パパに会うと体がおかしくなるようです、言葉にはしませんが、何となくそんな心理状態になっているようです。

こんな状態でも、さらに面会交流を続けるべきでしょうか。保育所の先生にもパパとの面会交流について相談すると、「三年近くパパと離れた生活からいきなり毎月パパと会えるようになって、子どもの気持が混乱しているかもしれませんね」といわれました。

母親として、パパと活発に遊んで大声を出しながら動きまわるため、心身の疲労が子どもの能力以上に蓄積するのではないかと悩んでいます。

援助者からの返信。

私も想定外で迷っています。私の経験から考えてもこれという特効薬が見つかりませんが、現在の父親の性格から判断しますと「子どもがこんな状態で、すぐ体調不良になるので、しばらく面会交流を休止にしてほしい」と、いきなりお願いしても、素直に応じないかもしれません、これは、母親と祖母が面会交流拒否の理由を共謀したと解して、一触即発、大混乱になるかもしれません。

対症療法的かもしれませんが、次回の面会交流はそのままの予定にしておいて、直前になっても子どもの体調が悪ければ面会交流期日を延期することにして、それまでに子どもの体調がよくなることに望みを託したらいかがですか。それでもなお、子どもの体調が不良なときには、子どもの健康が最優先ですから、そこで延期の要望をされたらいかがですか。その真実をしっかり伝えれば、さすがのパパも承諾し協力せざるを得ないでしょう。

注目の次の面会交流の日。母親と援助者が危惧したのに反して、子どもはすんなり、元気よくパパの懐に飛び込んだ。

以後は、約一か月半に一回の頻度で継続している、

しかし、この面会交流は、ここでゴールではなく、始まったばかり。この父母の相互の信頼関係がまだ十全に回復したとは言えないので、今後も小船にのって荒海を航行するような不安がぬぐえず、援助者側にもたいへんストレスが溜まる案件である。

### ✣ポイントは母親の決断と勇気

①子どもが四歳近くに成長して、保育所で人間関係を積み重ねたことが大きい。

また、面会交流によって、父子間に少しずつ信頼関係が芽生え、一歩前進したことも再開実施の効果があった。

②母親がモラルハラスメントの長い夫婦の葛藤や苦痛から少しずつ回復し、日常子どもに父親の話ができる心理的余裕が出てきた。

③面会交流は初めからうまくいかなくて当然。急がば回れ、継続は力なり精神で辛抱強く続ける

ことが成功のカギ。また別居親も面会交流を子どもの安心の場にするよう心がけてくださいと毎回助言している。

④このケースの場合、当事者同士で自立して面会交流ができるようになるには、まずは、父母がお互いに顔を合わせ、会話できるように努力することが必須（手紙、電話、メールなどでも可）。現状の母親には厳しい要求だが、母親のほうからの歩み寄り、アプローチにかかっている。

## case B――父親が遠方から面会交流に来る

♠父　三〇歳代、♥母　三〇歳代　♣子ども（女）一歳弱　母・祖父母と同居

父母とも仕事は医療関係、費用は折半、父親は遠方在住

調停離婚、面会交流は三か月に一回、双方代理人付

### ✣経緯

事前相談はFPICの規定どおり実施、双方の合意も確認。とくに母親側の家族はプライドが高いのか、非常識なのか、事前相談に同席した祖父母は「こんな環境の事務所内（狭くて、キッズルーム的雰囲気が気に入らない）で子どもの面会交流ができるのか」と文句をつけた。FPICと援助者を、やや小馬鹿にする態度だった。

父親は遠方から、飛行機や電車を乗り継ぎ時間を気にしながら駆けつけてきて、なんとか最初の面会交流がスタートした。

予想どおり母親は、子どもに父親を近づけないでほしい（これでは面会交流はできない）、途中父親が少し離れたところから携帯電話で写真を撮ったら、援助者に「止めてくれと言ってださい」とクレームをつけた。仕方なく父親は衝立の隙間から児童室を覗くように顔だけを出す面会交流であった。

三回目からやっと父子は少々近づけるようになった。

幸いにして子どもは大らかな性格で、あまり人見知りをしないのが救いだった、母親だけがイライラ、キョロキョロと落ち着かない。

現在もこのような型で継続中。

**✣問題点**

①母親は子どものための面会交流であることを頭では理解しているが行動に表せない。高学歴で分別ありそうな母親でも離婚時の感情が尾を引いているのか、何かにつけ父親（元夫）に反抗的、批判的である。

②父親が母親の許可なく写真を撮ったことについて、母親がクレームをつけたが、母親は親権監護権を有していても、子どもの独占権・占有権は有してないことを理解してもらいその場は収ま

った。

**✣対応**

①ある時、母親には再度丁重に監護親の心構え、配慮について気づいた点をいろいろ助言した。また監護親の心構えについてのパンフレットや関連資料のコピーを渡して子どもの監護について勉強するよう促した。

②初めから思いどおりうまくいかないのが当たり前。事前相談時の約束を誠実に守り辛抱強く継続すること。面会交流の舞台は、子どもが主役。親は脇役の気持で協力することも助言。

③父親が遠方から時間と費用をかけて来訪し、また三か月に一回の貴重な面会交流であることを考慮して、母親も相手の気持と努力を少しでも理解し、共感して、協調性をもって対応するよう話した。

④遠距離面会交流の場合、将来、頻度、場所など面会交流が壁にぶつかることもある。その壁を乗り越えるためにも、少しでもお互いが譲り合って、信頼関係を徐々に回復させる努力がキーポイントであることも助言した。

## case C――援助を卒業し父母の自力で面会交流できるようになる

♠父　四〇代（サラリーマン）、♥母　三〇代（パートから正社員）
子ども　♣長男小四、♣次男保育園児、費用父親全額負担

### ✣経緯

①当初次男は幼児期で長男は小学校の高学年。長男と父親とはあまりしっくりいかない状態がしばらく続いた。次男が無邪気にふるまい、潤滑油的な役割をはたしていた。援助者もたびたびオセロ、トランプ、ウノカードなどの遊びに参加。子どもたちも面会交流を自然に受け止めるようになった。
途中父母間で少々の波風が立ったが、母親が面会交流に協力的であったことが何よりの救いだった。

また毎回、女性の援助者が家族のように母親と会話を交わし、人生面・生活面のさまざまな相談に応じたことがプラスになった。

②面会交流の付添いおよび橋渡し役の援助者は、父母の生活面や精神面の理解者でもある。当事者と援助者の信頼関係は、面会交流を円滑に進める大きなエンジン役をはたしてくれる。対立する二人に先入観をもたず公平に接し、舵取りするむずかしさもあるが、勉強になる。

③父母とも、離婚時の不信感・嫌悪感にまみれた関係から落ち着きを取り戻し、回を重ねることに冷静かつ理性的になった。継続することの効果は大きい。
④事前相談時の約束を双方が素直に守っている。
⑤父親の収入に安定性がある（養育費ほかの履行）。

### ✣自力面会交流への道

早い時期から母親が父親と直接会話が自然にできるようになった。

援助者付きの面会交流から、いきなり独自での面会交流には至らなかったが、三回に一回ほどのペースでの慣らし運転を試みるうちに、しだいに自信がつき、双方が直接連絡できるようになった（ここが面会交流独立のキーポイント）。

援助者は、責任上、直接の援助活動をしない場合でも、当事者が、いつ、どこで、どんな面会交流をするのかを確認し、何かあったら連絡するように依頼している。

### ✣問題点

①子どもの健康状態、学校でのクラブ活動などで、しばしば期日が変更するため、連絡業務には時間と手間がかかり、援助者の熱意と対応には個人差が生じる。携帯メールほか電子機器などで

の連絡は、事務所を通さず、当事者と援助者との直接交信調整がほとんどで、援助者の負担が大きくなることは、今後の要検討事項である。

経費、手数、時間、ストレスなどの負担も少なからずあり、面会交流援助にともなう難しさも見のがせない。

②この援助はもう少し早く卒業できたはずだったが、母親がFPICで実施することに安心感をもったため、かえってその時期を遅らせた。

③費用は、父親の全額負担。母親は感謝しているが、婚姻時代の元夫に対する不安・不信感が尾を引き、独立を決断するまでに時間を要した。

**✣自立できた要因**

この面会交流が比較的スムーズに推移し、時間をかけながらも自立できた主な要因は、父親も母親もお互いにあまり我を張らず、援助者の意見を素直に聞き入れ、我慢と協調の気持を持続できたことである。

**case D——子どもが拒否して面会交流できない**

♠父　四〇代（サラリーマン）、♥母　四〇代（パート）

♣子ども（女）小四　別居中、同居親は父親
双方代理人付、親権監護権帰趨の係争中

**✣経緯**

母親（別居親）が親権監護権の取得を主張し、長期にわたって離婚紛争中。現在父親は子どもと同居・監護しており、子どもは父親と一緒にいることに安心感をもち、満足している。

子どもは幼児のころから、母親の異様な過去の日常生活（某世界の経験者であることを父親はある写真を見せながら嘆いていた）を知り、深く傷つき、母親を軽蔑、嫌悪している。父親は、子どもと母親の面会交流の必要性を十分理解しており、それとなく勧めているが、子どもは頑として拒否している。

調停・審判も平行線状態である。

援助者も子どもと直接面談したが、「お母さん」と言うだけでも、涙ぐみ、会話することもできない状態であった（幼いころから母親の醜態をみて、そのイメージを拭い去れない）。

児童心理専門の医師の診問でも、子どもの精神にはなんら問題はなく、この面会交流への具体的・効果的なヒントは得られなかった。

その後の父親から援助者へのメールでは、

審判でも、相手の代理人からは「子どもを母親に会わせない酷い父親」と言われ、「子ども自身が拒否している」と反論すれば、「それは父親の洗脳だ」と非難され、今はじっと我慢しています。訴訟を通して裁判所の旧態然とした裁きに疑心暗鬼になりました。最後は判決で親権が妻にいくのではと案じています、子どもを強制的に連れて行くべきか否か、そんな葛藤の毎日です

子どもが嫌がる、望まないなどの理由で会うことを拒否しているのは、もしかしたら同居親（父親）個人の先入観が一因かもしれないと思い、まずは「やってみなはれ」で、ある日、某ＪＲ駅前で半強制的に面会交流を試みた。子どもと父親が手をつないで歩いているところに、母親がバッタリ出会うことにした。

子どもは父親の影にすぐさま隠れてしまい、母親の顔を見ることさえしなかった。その場はわずか三分で終わった。

やはり父親の話は真実性が高かった。現在、紛争中。とくに母親の代理人はあらゆる機会にまず面会交流し、継続することで母子間の信頼を取り戻そうと努力している。

### ✣問題点と対応

これは他に類例のない難しいケースで、子どもの意志を尊重・優先することで、裁判所がどんな判断をくだすか、注目している。

母親の焦りも理解できるが、子どもの成長ぶりがどのように反映されていくのか。

その後、たびたび父親から法廷紛争中のポイントの報告メールが送られてきている（二〇一三年五月離婚成立、親権監護権父親で決定）。

母親との面会交流は、何とか実施可能になりそうだとの連絡を受けた。

**case E——子どもが希望しているのに面会交流できない**

♠父　三〇代（サラリーマン・収入不安定）、♥母　三〇代（パート）
♣子ども（男）小一　母と二人で生活　双方代理人付、
別居中、離婚調停不成立、費用は原則折半

**✣経緯**

二回目の面会交流で中断。母親は超ヒステリック。少々のこと（面会交流開始の時間が少しずれてＦＰＩＣの出入口で父親と顔が会ってしまう）だけでも最後までこだわり、約束が違うと援助者を困らせた。

この父母は調停で面会交流の合意ができているのかと疑問に思った。

初回は事務所外での面会交流になった。小一の子どもは早く父親に会いたい気持が目に見えていた。父子は仲むつまじく肩を抱き合うようにして話し合っていた。一方母親は公道のど真ん中でも人目も省みず、「今日はやめた、子どもをつれてきてくれ」とわめき、事務所にも入らないので、仕方なく短時間でその日は終了した。

別れぎわに「お爺ちゃん先生（援助者のこと）、僕はパパと会って遊びたい」と懇願しているような眼つきで話しかけてきたのが印象的だった。

父親の話では、離婚調停は主に経済的条件で難航している。離婚調停の先が見えず、母親のイライラは増幅するばかりで、面会交流はそっちのけ状態である。小一の子どもは面会交流時、あたりにいた同年輩の子どもたちと比較してもかなり痩せて、神経質な感じで、弱々しかった。病的とも思える母親の非常識な養育に、危惧を抱かざるをえない。今後何か子どもに事件が起こらねばよいがと念じている。このケースはその後連絡が途切れている。

### ✣問題点

精神的に不安定な母親の状態を正常に戻すことができるかがポイント。

父子は面会交流を希望している。母親は父親と近づくのが嫌で、協力しない。

母親は離婚を希望しているが、父親は拒否。主として経済的条件で紛争が長引いている。費用は折半の約束であったが、母親にはその気は毛頭ない。二回とも父親がしぶしぶ負担した。

離婚調停は不成立、未解決のままの状態で面会交流も二回で途切れている。

子どもの福祉、子どもの目線で見るとか、お題目は結構だが、父親の弱さと母親の異常さで、親同士が行動を起こさない場合、「ご縁」があって担当した援助者としては残念ながら静観せざるをえない。子どもが面会交流を希望しているのに、費用負担問題で途中から消えてしまうケースは少なくない。

そのため、面会交流の義務づけと、費用を行政が助成することになった関係記事を下記に参考としてあげる。

**参考1――面会交流の間接強制についての最高裁初判断**

「間接強制」は可能、子どもとの面会交流拒否で初判断。

別居した子どもとの面会交流を調停や審判で認められたのに、子どもを引き取った親が応じない場合、履行を促すために裁判所が金銭の支払いを命じる「間接強制」の決定をした。

「取決めで面会交流の日時や頻度などが具体的に定められ、引取った親がすべき義務が特定されている場合は、間接強制決定ができる」初判断をした。

「子どもの利益が最も優先して考慮されるべきであり、柔軟に対応できる条項に基づいて両親の協力の下で実施されることが望ましい」との基本的な考え方を示した（『産経新聞』2013.4.2）。

**参考2——行政が面会交流の支援と費用の助成を開始**

①東京都ではすでに、東京都ひとり親家庭支援センター「はあと」で二〇一二年五月七日より面会交流の支援を開始している（tel: 03-5261-1278）。

②最近（二〇一三年六月現在）千葉では、千葉県母子家庭等就業・自立支援センターで面会交流の援助等とその費用の助成を開始（tel: 043-222-5818）。

## case F——父親が外国人［渉外離婚］の面会交流

♠父　四〇代（北米系外国人・外国語教師）、♥母　三〇代（外資系会社勤務）

♣子ども（女）受理時、年長保育、調停離婚（渉外）費用父親負担

**✣経緯**

家庭裁判所の調停離婚から代理人を通さず、直接母親（日本人）から面会交流の申込みがあった（渉外離婚の面会交流は代理人が付かない場合が多い）。

母親の目的は、父親からの養育費を何とか継続させるために、面会交流を手段として利用せざるをえなかったようである。父親は週に一回ぐらいのペースで会いたがるほど、子どもに関心が強い

（米国では、父親の子どもとの面会交流は毎週末で、ウィークエンドダディーと称している）。

この外国人父親は「自分の子どもに会うのに、なぜ金がかかるのか」と毎回無料でやれと援助者に要求している。援助者は完全ボランティアと思い込んでおり、援助者は「あなたの要求に合う他の援助機関に相談したらどうですか」と断った。

母親はもともと面会交流に消極的だが、子どもが父親との面会交流を強く希望しているので仕方なく応じている。子どもが奪取されないか心配しているが、ＦＰＩＣの安全性には信頼を寄せている。もちろん父親の要求する費用折半の考えはない。

父親は子どもに会いたのでしぶしぶ毎回、全額支払った。

援助者としては、何回目からか面会交流援助を断ったが、子どもがあまりにも純心、オープンな性格であり、毎回父親との面会交流を楽しみにして、父親が来るとドアの前まで迎えに行って抱きつき、児童室で約束の時間では足りないほど父子が夢中で遊んでいるので、断りきれなかった。母親もその情景を見て、仕方なく数回実施した。

共同親権が当たり前の多くの外国人にとって、離婚後の単独親権への不満は大きく、面会交流の費用や養育費の支払いを負担に感じるようである。

母親は毎回、相手と養育費をめぐり口論していた。たびたび面会交流の流れが養育費や慰謝料の調整に巻き込まれそうになったので、援助活動の中止を言い渡したこともあった。

ある時父親は母国の家族のことで一時帰国した。戻ったら再開との連絡があったが、その後は音信不通になった。以後、この面会交流は途絶えてしまった。

**✣問題点**

①渉外事案の場合多くは、面会交流以前の課題が未解決のまま、調停後持ち込まれる場合が多く、面会交流の領域外にまで援助者が協力してくれるものと思い込んでいる。ややもすれば養育費と慰謝料の請求の後押しに利用されそうになる。

②渉外事案の面会交流は、監護親（主として母親）は相手方と子どもが要望するので仕方なく協力するだけで、すでに離婚した外国人の父親はまったく赤の他人扱いで、面会交流そのものも避けたい態度がありありと見えた。

③援助者側にも外国語に精通している人材が少なく、外国語で微妙なニュアンスまで話し合えないことも円滑な援助の妨げとなっている。今後グローバル化が進捗する時代に備えるためにも、渉外事案援助の担当者をふやし受け入れ態勢を整えることも検討課題の一つである。

## 3——面会交流を実りあるものにするために

以上いくつか事例の実態と問題点を述べたが、いずれも面会交流は約束してスタートしても、思ったとおり円滑に実施できないのが現状である。

主役の子どもは幼児がほとんどであり、その子どもに判断能力や行為能力を要求するのは難しい。何よりもまず、両親（父親、母親）の子どもに対する愛情と面会交流への理解と協調性が前提条件となる。父母の譲り合いの姿勢、行動が、面会交流成否の大きなキーポイントである。

最後に、父母と援助者が面会交流を円滑に行うための指針をあげる。

①離婚の怨念や係争中の事件の駆け引きの道具にしないこと（多く見られるのは養育費と婚姻費用の負担を面会交流との駆け引きにする）。子どもは心から父母両方に愛されたいと思っている。

②過去から引きずる不信感や先入観など、親の都合や感情をひとまず措いて、少しでもお互いに譲り合って親同士が子どものために信頼関係を回復する努力が必要。

③調停や審判によって、どんな優れた決定をしても、父母に子どものための面会交流の意思がなければ実現不可。条件が合わないからと言って簡単に諦めないこと。初めからうまくいかないの

が当たり前。辛抱強く継続すること。

④ときには、法律や規定では解決できず、援助者の努力も実りそうもない場合もある。そのような場合でも既成概念や固定概念にとらわれないで、お互い（援助者も含む）に知恵を搾り出して、柔軟に対応すること。

⑤面会交流そのものは親教育の場でもあり、父母の人間関係の問題でもある。そのヘルパー役である援助者は適切な専門性を有し、家事事件に精通し、子どものために公正、中立に行動でき、心理的側面からバックアップできる能力を磨きあげることが要望される。

⑥最終目的は、当事者による自立面会交流。その第一歩は、援助者を介さないで直接連絡（手紙、電話、メールなどでも可）しあうこと。踏み出すには、とくに同居親の決断と勇気が要求される。

別居、離婚の波を乗り越えて面会交流ができる父・母は、同じような子どもをもつ離婚組のなかでも恵まれており、見方によっては幸せである。現実は面会交流ができない別れた父母が大多数を占める。

父母は面会交流できることに、自信と誇りをもっていただきたい。

第5章

―

# 非行少年の気づきのために

［被害者との対話による関係修復］

山田由紀子

## 1――被害者加害者対話の会とは？

### ●――対話の会と修復的司法

千葉県にあるNPO法人「被害者加害者対話の会運営センター」（以下、センターと呼ぶ）では、二〇〇一年から「修復的司法」という理念に基づいて被害者と加害者の対話を取り結ぶ活動を行っている。「修復的司法」は、刑事司法の分野で近年世界的潮流となっている新しい考え方である。従来の刑事司法が、犯罪を国家が定めた法を破る行為と見、国家が犯罪をおかした人を処罰することによって犯罪に対処しようとするのに対して、修復的司法では、犯罪を社会の中に起きた害悪と見、被害者・加害者・地域の人々が自分たちの力でこの害悪を修復していくことによって犯罪に対処しようとする。修復の仕方にはさまざまな形があるが、その一つの典型的な形が被害者と加害者の対話である。

### ●――私が対話の会の活動を始めた理由

一九九七年に起きた神戸連続児童殺傷事件を契機に、マスメディアを中心に日本社会で、「犯罪被害者の権利が守られていない」「被害者の権利を高めるべきだ」という声とともに、「少年法は犯罪少年に甘すぎる」「少年法をもっと厳罰化すべきだ」という声が高まった。私は、被害者の権利については私たち弁護士も十分取り組んでこなかったことを大いに反省するものの、シーソーゲームのように、被害者の権利を高めるために加害少年の権利を低めなければならないかのような論調には大きな疑問を持った。少年事件は、少年の生育歴や内面の葛藤に原因があることが多く、そこに手立てを講じずに厳罰に処しても、少年の更生や再犯防止は期待できないからである。しかし、このような少年法の理念を説くだけでは、なかなか被害者の納得は得られず社会の風潮も変えられそうもなかった。私は、何とか一方が高まると他方が低まるシーソーゲームではない解決策はないものかと悩んでいた。

そんな折り、日本弁護士連合会に新しい留学制度が設けられた。私は、厳罰化先進国であるアメリカでこの解決策を見つけたいと思い、一九九八年から一年間、ニューヨーク大学に留学した。そこで、修復的司法と出会い、「これこそが私が探していた答え。被害者にも加害者にもプラスになる解決策だ」と感じ、日本に帰ってから、初代理事長大塚喜一弁護士の絶大なリーダーシップのお陰で設立できたのがセンターなのである。

## ●――対話の会を支える人々

センターで中心的に組織を運営している役員は、家庭裁判所の調停委員や元調査官、少年法や心理学の学者、弁護士などだが、実際の対話を取り結ぶ「進行役」は、研修を受けた市民ボランティアが担っている。このボランティアには、特別な資格はない。唯一の条件と言えば、「いつ自分も、あるいは自分の子どもも、被害者になるかもしれない、加害者になるかもしれない、という思いで活動できる人」ということになろうか。そうでなければ、被害者にも加害者にも共感を持って接する進行役にはなれないからである。修復的司法で言う「地域の人々」の一人として、犯罪で生じた害悪を修復していく作業がこの進行役の役割なのである。

## ●——対話の会に持ち込まれるケース

センターでは、これまでに六四件の申込みを受け、内一二五件で「対話の会」が成立した。その内訳は、殺人未遂・傷害致死などの重い事案から窃盗などの比較的軽い事案、あるいは強制わいせつなど、一般の人には対話が想像し難い事案などさまざまである。また、実際に会って話をする対話の会が開けなかった事案でも、間接的に加害者の謝罪の気持が被害者に伝わり、被害者の被害の実情が加害者に伝わることで、双方にとってプラスになる影響がもたらされている。

## 2——非行をおかした少年が被害者との対話で得るもの

### ●——少年には困難な被害の実情の想像

私は、長年弁護士として少年事件の付添人をしてきた。付添人の活動では、少年に自分が非行をおかした原因を考えてもらい、どうしたらそれを改善できるかに気づいてもらうことが大切である。また同時に、自分のしてしまったことの結果、つまり被害のことを深く受け止めてもらう必要がある。ところが、少年たちは社会経験が乏しく、未だ成長の途上にあって判断能力も未熟なため、なかなかこの「被害」について具体的に想像することができない。抽象的に法を侵したことや物を盗ったこと自体については「ごめんなさい」と言えるのだが、実際にそのことで被害者がどういう体験をすることになったのか、どんな気持になったのかは想像できない。しかし、それでは真に被害の実情を受け止め反省したとは言い難いのである。

### case A——あるバイク窃盗の少年の対話の会

A君は大学生。小さい頃から父親にサッカー少年として育てられ、才能もあったことから、チームでもてはやされ、大学もサッカーの推薦で楽に入ることができた。しかし、練習はきつく、いつも父親の言いなりになっている自分にもふがいなさを感じて、何かパッとした憂さ晴らしがしたいと思っていた。そのとき目に入ったのが、駐車場に止めてあるバイクだった。「バイクに乗って飛ばしてみたら、どんなにすっきりするだろう」、そう思ったA君は、鍵のついたバイクを盗んで乗り回しては乗り捨てるという行為を繰り返してしまった。

二件のバイク窃盗が発覚して、A君は逮捕され、少年鑑別所に送られた。ただ、それ以外には非行歴もなく学校生活もまじめに過ごしてきたため、試験観察となって、審判までの間、自宅に帰り大学にも通うことが許された。付添人弁護士は、A君が反省していることは認めながらも、その反省が自分の経歴に傷をつけてしまったことへの後悔からきており、自分の行為がどれだけ他人に迷惑をかけたのかという点では不十分と感じて、対話の会への申込みを勧めた。

## ❖バイクを盗まれたB君との対話

A君が盗んだバイクのうち一台は、高校三年生のB君のものだった。ボランティア進行役がA君側とB君側に別々に会って十分な準備をしたあと、加害者側がA君とA君のお父さん、被害者側がB君とB君のお父さんという四人の対話の会が開かれた。

対話の会では、第一段階は参加者各自がその犯罪での自分の体験を語る、第二段階は質問と答えの時間、第三段階はこれからどうしたらよいかを考える時間、第四段階は、これからの償いや責任の取り方について合意ができたら、それを文書にする時間、としている。第一段階で、A君が盗んだときの自分の気持やその原因について語ったあと、B君とB君のお父さんから、こんなことが語られた。

**B君**――僕もね。いろんなことがあって、バイクに乗れたらすっきりすると思ってこのバイクを買ったんだ。だからA君の気持はよくわかるよ。でも、バイクが欲しいんなら、やっぱり社会のルールに従って手に入れないといけないんじゃないかなぁ。

**B君の父**――じつは、Bは長いこと不登校で、ひきこもりみたいになってたんですよ。そのBが、珍しく自分でバイクを買いたいって言い出して、私も、これが前向きになるきっかけになればと思って賛成しました。Bは、一所懸命バイトして、バイク代も自分で払い、それは大事にしてましたよ。そのバイクが盗まれた時は、そりゃあショックでしたよ。もっとショックだったのは、バイクが乗り捨ててあったと警察から電話があって、見に行ったら、サビだらけで汚れていて、とても乗れるような状態じゃないとわかった時です。

### ❖バイクを盗まれた町工場の社長さん・工員さんとの対話

もう一台のバイクは、町工場の社長Cさんの所有で、工場の仕事に使うため、いつも工員のDさんが乗ったり管理したりしていたバイクだった。やはり第一段階で、CさんとDさんからは、こんな話があった。

**Dさん**——社長はいい人だから、「気にすんな」って言ってくれたけど、俺は、俺が鍵を付けっ放しにしてたせいで盗まれたんだから、弁償しなきゃって思ったよ。だけど金がないから、女房に「うちの車を売ってでも弁償する」って言って、心配もかけた。あんたさぁ、こんなこと大学に知れたら、大学にもいられなくなるんじゃないの？　そういうこと、わかってる？

**Cさん**——まあまあ、そこまで言わなくても。Dが言いたいことは、A君がいろいろ恵まれてるのに、そのこと、あまり大事に思ってないんじゃないかってことですよ。ま、俺がA君に言いたいのは、親孝行しろってことかな？　それとさぁ、家も近いんだし、大学ちゃんと卒業したら、卒業できたって、顔見せてよ。

### ❖二つの対話がA君にもたらしたもの

ひとつ年下のB君に言われた「社会のルールに従って」という言葉、B君のお父さんが言った「不登校だったB君にとってのバイクの大切さ」、Dさんの怒り、Cさんの優しさ、そのどれもがA君の心に大きなくさびを打ったことは言うまでもない。

それまで、警察でも裁判所でも「被害者のことを考えろ」と言われてきたA君だったが、いくら考えようとしても、頭に思い浮かぶのは、バイクという「物」だけだった。ところが、対話の後のA君は、B君の人生、B君を励ますお父さんの気持、Dさんの怒り、DさんもA君も優しく包み込んでくれるようなCさんの人柄、それら全部がこの事件の「被害」であり、それは単なる「物」ではなく「人」なのだと実感したのである。

## 3――被害者にとっても有益な対話の会

対話の会の第一段階が参加者それぞれの「体験を語る」という形をとっていることは、被害者にとっても、その被害をやわらげる効果がある。加害者が被害の実情を具体的に想像し難いのと同じように、被害者も、加害者のことを具体的に想像することは難しく、ステレオタイプに「ワル」とか「不良」とかを思い浮かべ、仕返しされるのではないかとかまた同じ被害に遭うのではないかという恐怖や不安をもっていることが多い。

ところが、実際の加害少年に会ってみると、A君のように日頃はまじめで心の悩みから非行をおかしてしまう少年もいれば、一見「ワル」のように見えても、じつは幼い頃から虐待やいじめにあった結果そうなってしまったことがわかる場合もある。加害者が「体験を語る」ことによって、それらの事情を理解した被害者は、それまでの「また襲われるかもしれないという恐怖」や「世の中には、こんな酷いことをする人もいるのだから、もう人を信じられない」などという人間不信から解放され、加害者も自分と同じ弱さを持ったひとりの人間だと知ることによって、心がやわらぐのである。B君やCさんの言葉も、その結果であって、決して彼らも被害を受けた最初から加害者に対して優しい言葉を持ち合わせていたわけではないだろうと思われる。

## 4——非行少年の更生に役立つ「家族の対話の会」

センターの本来の活動は、「被害者と加害者の対話の会」である。しかし、その準備の過程で「家族の対話の会」が必要になることがある。たとえば、加害者側家族の中で、加害少年は少年院で深い反省をして帰って来て被害者に心から謝罪しようとしているのに、親のほうは被害者から多額の損害賠償を請求されて、むしろ被害者に対して逆恨み的な感情を持っているなど、親と子で被害者への思いに食い違いがあるような場合である。

この「家族の対話の会」は、被害者と向き合う場合だけでなく、非行少年の更生にも大いに役立つ。次に紹介するのは、私が付添人弁護士として活動したさいに「家族の対話の会」を開いたケースである。

### case B――コンビニ強盗をして被害者にケガをさせてしまったコウジ君

コウジ君は、前にも二回家庭裁判所で保護観察処分を受けて保護観察中だったが、悪い先輩たちとの関係が絶てず、ついに住居侵入・強盗致傷という重い罪を犯してしまった。コンビニ強盗を三回もやり、うち一件では店長を縛りつけて殴りケガまでさせてしまったのである。私は、もう一人の付添人弁護士の応援として途中から付添人になったが、その時には家庭裁判所が少年審判ではなく大人の刑事裁判に送る「逆送」という重い決定をするであろうことがほぼ確実な見通しだった。

### ❖少年鑑別所でのコウジ君との面談

付添人になった私は、早速コウジ君に会いに少年鑑別所に行った。そして、コウジ君と一緒に、彼のこれまでの人生を振り返り、どうしてこんな重い罪をおかすところまで来てしまったのかを考えた。コウジ君は、前に保護観察処分を受けたあと彼女ができ、最初はその彼女に優しくされ仕事も頑張っていたのだが、彼女に夢中になるあまり仕事もそっちのけになり、彼女を束縛しすぎたために彼女にふられると、今度は自暴自棄になって強盗までしてしまったのだった。強盗をした直接の原因は、兄に立て替えてもらっていた携帯電話代を何とか返さなければ兄に厳しく叱られると思ったことだった。

私は家庭裁判所の記録で彼の生育歴を読んでいたので、「あなたは、小さい頃お母さんに甘えられなかったよね。おばさんの家に預けられておばさんにいじめられたことも、遠慮してお母さんに言えなかったね。そういうことが原因で彼女にお母さんを求めてしまっていたんじゃない?」と聞いた。するとコウジ君は、はっとした表情でうなずいた。「お兄ちゃんのこと、尊敬もしてるけど、すごく怖がってるよね。それ、おばさんの家に預けられていたとき、お兄ちゃんによく殴られたから?」と聞くと、これも大きくうなずいた。

そこで私が、「私からお母さんとお兄ちゃんにあなたの気持を伝えて、もしわかってくれたら、この鑑別所の面会室で〈親子の対話の会〉と〈兄弟の対話の会〉をして、ちゃんと自分で自分の気持を伝えてみない? あなたが変わるためには、家族にも変わってもらわなきゃならないでしょ?」と提案し、コウジ君も不安そうながら「やってみる!」と答えた。

### ✣お母さんとコウジ君の対話の会（山田が司会役となって）

**山田（母に）**――コウジ君が小さい頃、おばさんにいじめられても、お母さんに心配かけたくなくて言えなかったことを、今どう思いますか。

**母**――ごめんね。淋しい思いをさせて。辛かったと思う。お母さんもあとでわかって、本当に怒ったし悲しかった。

**コウジ**――（黙ってうなずく）。

**山田（母に）**――これからについては、どんなことを考えていますか。

**母**――出てきたら、もうお兄ちゃんも家を出てるし、二人きりで住もうね。コウジは勘違いして、お母さんがお兄ちゃんのことばかり気にかけてるように思っていたかもしれないけど、それは、お母さんに何かあったらコウジのこと面倒みるのはお兄ちゃんだからなのよ。コウジのためなの。コウジは、私と一緒にテレビ見てても、お兄ちゃんが帰ってくると遠慮して自分の部屋に行ってしまったりしたけど、そういうとき、お母さんは「なんで？」と思ってたのよ。何だか淋しかったのよ。お母さんは、これからコウジのお母さんをいっぱいやってあげようと思ってる。ううん、本当は、もうそうしようと思って、夜の仕事やめて、コウジが仕事に行くのに朝起こしてあげたりお弁当作ってあげたりするのが楽しかった。毎日、明日のお弁当のおかず、何にしようって考えるのも楽しかった。コウジも、「おいしかった」ってメールくれたりしたよね。あれも、うれしかったよ。

**山田（母に）**――コウジ君は、これから償いのために施設に収容されると思われますが、お母さんは、その期間について何か考えていることがありますか。

**母**――絶対に面会に行くからね。いつもコウジのこと思ってるからね。前は、コウジは、お母さんのこと思って何も言わなかったけど、何でも言ってほしい。甘えていいんだからね。もっとお母さんに甘えてもらいたい。ずっとお母さんと一緒だからね。

**山田（コウジに）**――どうですか。お母さんの話を聞いて、どう思いましたか。

**コウジ**――知らなかったことがいっぱいあって、ちょっと驚いたというか……。

**山田（コウジに）**――そうなの。どういうことが、知らなかったことなの？

**コウジ**――お母さんが、僕の弁当作るのうれしかったなんて知らなかった。

**山田（コウジと母に）**――そう、それはわかって良かったわね。親子って、わかってるはずだと思い込んでいて、わざわざ口にしなかったりするもんね。これからは、お母さんもコウジ君も、お互いの気持をちゃんと口に出したり手紙に書いたりして伝え合ってくださいね。

**母**――コウジ、がんばるんだよ。また来るからね。

兄（ニコニコ顔で）――よおっ、元気か!?

山田（兄に）――はじめてコウジ君が今回の事件を起こしたことを知った時、どう思いましたか。

兄――まず、コウジがこんなことするなんて思ってもいなかったから、驚きました。そして、俺の重圧が関係あるのかな、と思いました。

山田（兄に）――私から、コウジ君にはお兄ちゃんに対して、小さい頃からのトラウマ的なものがあるらしいとお話ししましたが、どう思いましたか。

兄――そのとおりだと思いました。ただ、自分としては、そこまでコウジが重圧に感じているとは知らなかった……。（コウジ君に向かって）すまなかったな。携帯の電話代のことも、ただコウジにやるべきことはきちんとやらせたいと思っていただけで、払えない時はちゃんと理由を説明してくれれば、それでよかったんだ。

山田（コウジに）――お兄ちゃんが、ここまで言ってくれたんだから、コウジ君も自分がどんな気持だったか、自分の言葉でちゃんと説明したら？

コウジ――（しばらく、うつむいて、言葉を探しているようす）……これからは、逃げないで、ちゃんと事情を話したり、相談したりする。

山田（兄に）――コウジ君は、お兄ちゃんのことを尊敬してるし、憧れてるけど、それが他人への暴力になったり、いけないことをして一気にお金を稼ごうとしたりすることにつながっちゃうことをどう思いますか。

**兄**――俺も、結構ワルだったこともあるし、いろんな奴を見てきたけど、ある時から線を引いて、裏の道じゃなくて、表の道を行こうって決めて、今の仕事についたんだ。でも（ニコッとコウジ君に笑いかけながら）、俺たち、はっきり言って頭悪いよな？（コウジ君も、ニコッと笑ってうなずく）　だからさ、俺も仕事の面接一五回くらい受けて、みんな落とされた。コウジは知らないと思うけど、それで、俺、すごい勉強したんだぜ。金がないから、勉強するにも金かけられなくて、自分で手帳に敬語とか漢字とかいっぱい書いて必死に勉強した。そういう俺の姿をコウジにも見せてやれると良かったなぁ。お前が帰ってくる頃には、俺も今とは違って、お前に仕事の一つも世話できるような立場になってるように頑張るつもりだし、重圧じゃなくて、何でも話せる兄貴になってるつもりだ。待ってるからな。

**山田（コウジに）**――コウジ君からも、今鑑別所で考えていることや、これからのことでお兄ちゃんに頼みたいこととか、伝えたら？

**コウジ**――今日、今まで知らなかったことがいっぱいわかったんで、すごく嬉しいし……、やっぱり、申し訳ないと思う。

**山田（コウジに）**――今日はじめてわかったことって、どんなこと？

**コウジ**――お兄ちゃんが、こんなに僕のこと考えてくれてたなんて、知らなかった。勉強したとこ見せたかったとか……。

私が、もう司会の必要はないと身を引くと、お兄ちゃんはコウジ君の気持をほぐすように「差し入れ、何がいい？」などと話しかけ、コウジ君もようやく打ち解けて、二人の雑談が続いた。コウジ君は私との面談で、事件を起こしたのは「お兄ちゃんに一気に借金を返して、お兄ちゃんと昔みたいに仲良くなりたかったから」と言っていたが、雑談する二人のようすはまさに「昔みたいになれた」時間であったように思われた。

**✣対話のあとのコウジ君**

この対話のあと、コウジ君はまるで別人になったかのように真剣に自分の問題点や今後すべきことを考え、それをノートが文字で埋って真っ黒に見えるほどびっしりと書き出した。家庭裁判所は、このノートや審判の時のコウジ君の穏やかで前向きな姿勢を評価し、逆送ではなく少年院送致にしてくれた。コウジ君も、むしろ少年院送致になったことを喜び、そこで立ち直ってくると約束して旅立って行った。

## 5――性犯罪では無理？　被害者と加害者の対話

### ●――被害者加害者対話が無理な犯罪があるのか？

当初センターを立ち上げたとき、メディアや研究者の方々に、よく「殺人などの重い犯罪では、加害者との対話を望む被害者などいないのではないか？」「性犯罪では、対話などあり得ないのではないか？」という質問を受けた。私は、「そうかもしれないけれど、私は、まずは先入観をもたず、犯罪類型による排除をせずにやってみたいと思います」と答えた。理論的には一定の犯罪類型を排除しなければならない理由はないし、世界のさまざまなプログラムでも必ずしも犯罪が重いからといってそれを除いているわけではないからである。

実際に対話の活動を始めてみると、まず第一号のケースがいわゆる集団リンチで被害者が死亡した事件だった。その後も、殺人未遂一件、傷害致死五件の申込みを受けた。性犯罪についても、強制わいせつ事件三件の申込みがあった。しかも、窃盗や恐喝では加害者側からの申込みが多かったのに対して、こうした重い事案はほとんど被害者からの申込みによるものだった。

死亡事件の被害者遺族は、一方で加害者の顔など見たくないという思いもあるだろうが、他方で「どうして私の息子が殺されたの？」「今、加害者はそのことをどう思っているの？」など、知りたいことがたくさんあり、それを知るために加害者と会ってみようと思う遺族もいるのである。

それでは、性犯罪の被害者の場合、いったいどういう理由で加害者と会ってみようと思うのだろうか。

## ●――三つの強制わいせつ事件に共通した被害者のニーズ

申込みがあった三つの強制わいせつ事件は、いずれも加害少年が同じ地域に住む未成年の少女(一人は高校生、二人は小学生)にわいせつな行為をしたというものだった。少女の親が、「事件によって深い心の傷を受けた娘が、今後もしも同じ地域に住む加害少年に出会ってしまったら、どんなにショックを受けるだろう。事件を思い出し、心の傷を深めてしまうに違いない。それを思うと、不安でたまらない」と言って申込んできたのだった。

センターでは、ケースを担当する進行役二名を決め、まずは、申込者である被害者の親と面談して、じっくりとその話を聞いた。いずれの事件も被害者本人である少女とは会っていない。むしろ、少女に事件のことを思い出させるような二次被害を与えないためにはどうしたら良いかが、申込者のニーズだったからである。

三ケースの親たちが異口同音に言ったのは、「できることなら加害者にどこか遠くに行って欲しい」ということだった。しかし、加害者もまた未成年であることから、家族と離れて遠くで暮らすのはほとんど不可能である。加害者の家族にしてみても、先祖伝来の家に住んでいるとか、その土地に定着して家業を営んでいるとかの事情があり、一家をあげて引っ越すことなど到底できない。センターとしても、加害者側の人権を考えたとき、加害者やその家族を地域から追い出すようなことに手を貸すわけにはいかないと考えた。被害者側も、そのことは理解してくれた。

## ●――解決策のヒント

進行役が、どうしたものか頭を悩ませていたとき、一つのケースの過去の出来事が解決策のヒントをもたらしてくれた。

そのケースでは、事件の後、被害者の親と加害者の親が話し合って、被害者家族が日頃よく行く場所に、加害者家族は行かないようにするという約束をしていた。ただ、どの場所がそれに当たるのかがはっきりしていなかったため、ある日、二つの家族がファミリーレストランでばったり遭ってしまった。その時のことについて、被害者の親は、

「あの人たちは、平気で約束を破ってレストランに来て、しかもいかにも楽しそうに一家団欒していたんです。その上、私たちに気づくと、挨拶もせずにプイと顔をそむけて行ってしまいました。許せません。うちの家族には、事件以来、心から楽しめる一家団欒も無いというのに……」と語った。

加害者側に聞くと、

「あのレストランに行ってはいけないとは思いませんでした。被害者家族に気づいたとき、挨拶しようかどうしようか迷ったのですが、もし挨拶して、あの少女がうちの息子に気づいてしまうといけないと思って、何も言わずに離れた席に着いたんです」とのことだった。

こうした誤解は、狭い地域の中で起きがちな少年事件では、よく聞くことである。たとえば、クリスマスに加害者親子がケーキ屋の店内にいるのを見た被害者は、「私をあんな目にあわせておきながら、自分たちは、楽しそうにクリスマスをケーキでお祝いか！」と怒る。

ところが、真実は、加害少年の姉が、暗い家族に少しでも明るさを取り戻そうと買ったケーキを、父親が「返して来い！」と叱り、母と姉が返しに来たところだった、といった具合だ。

## ●――地図上の住み分けと素知らぬふりの約束

先のケースの親同士の約束にヒントを得て、センターの進行役は、地域の地図を机に広げ、この地図上で、被害者家族と加害者家族がなるべく顔を合せないですむような「住み分け」ができないものだろうかと考えた。線路や道路を基準にして、これより西側は被害者一家の住む地域、これより東側は加害者一家の住む地域にするといったことである。加害者側で言えば、スーパーも病院も、今までは西側のスーパーや病院に行っていたとしても、これからは多少不便でも東側のスーパーや病院に行くことにする、というわけだ。

それでも、この地域に一つしかない総合病院や役所などには行かないわけにいかない。一方の親は植木屋さんだったから、反対側の地域の家の庭の手入れを頼まれれば、仕事である以上断るわけにはいかない。そこで、どうしても反対側の地域に行かなければならない時には、センターの進行役を通じてあらかじめそのことを相手側に伝えるようにしたらどうだろうということになった。

さらに、こうした手立てを講じておいても、たまたま偶然に出会ってしまうということも考えておかなければならない。その場合は、あえて「お互いに素知らぬふりで立ち去る」というのを約束事にしておいたらどうだろうということになった。何の約束もなく、素知らぬふりで立ち去れば、それがたとえ善意からであっても、他方から見ると「ぷいと顔をそむけ、失礼な態度で立ち去った」と誤解されかねないが、約束事にしてあれば、「ああ、あの人たちは、約束を守って、ちゃんと素知らぬふりで立ち去ってくれたんだ」と思えるからだ。

## ●——対話の会と合意文書の取り交わし

こうして、三つのケースとも、①地図上の住み分けと、②素知らぬふりの約束をめざして、進行役が何度も双方の間を行き来する準備をすすめた。

残念なことに、二つのケースでは加害者側の別な事情が原因となって合意に至ることができなかったが、一つのケースでは、①と②、そして、③被害に対する賠償を合意し、それを文書化することができた。その後、被害者側からも加害者側からもとくに苦情などが出ていないことからすると、何とかこの住み分けなどはうまくいっているのだろうと思われる。合意に至らなかったケースでも、被害者側がこの住み分けの合意を求める気持に変わりはなかった。

## ●――修復的対話と既存の司法の違い

じつは、弁護士である私は、この「住み分け」という解決策に非常に驚かされた。既存の刑事司法や民事司法では、まったく想像もつかないニーズと解決策だったからである。既存の司法の解決策は、ごく大ざっぱに言って、刑事罰（少年なら保護処分）と損害賠償しかない。これに対して修復的司法では、対話に参加する当事者のニーズと発案で、どのような償いや合意も自由に取り決めることができる。三つのケースの場合、当事者双方が地域社会の中で安心して暮らせるために最も必要だったのが「住み分け」だったわけで、ここに既存の司法では果たせない修復的対話の役割があると実感することができた。

## 6──少年院内での「被害者の視点を取り入れた教育」

### ●──「被害者の視点を取り入れた教育」とは？

近年、刑事司法や少年司法で、いかにこれまで犯罪被害者の権利がなおざりにされてきたかが反省され、さまざまな被害者のための施策が講じられるようになった。矯正教育も例外ではなく、少年院の中で「被害者の視点を取り入れた教育」というものが行われるようになった。多くの少年院で行われているのは、実際に犯罪被害にあわれた方に講話をしていただく、ロール・レタリングといって、実際には送らない被害者への手紙を書き、それを被害者の立場になって読み返事を書く、これを何往復かするというものなどである。

センターでは、四年ほど前から少年院にスタッフ五〜七名が出向き、独自に考えたプログラムでこの教育を実践している。もちろん、私たちは矯正教育の専門家でも心理学の専門家でもないが、日頃地域のおじさんおばさんとして被害者加害者対話の進行役を経験しているので、その経験を生かして、少年たちが被害者のことを考えるお手伝いをするわけである。

## ●——プログラムの概要

授業は、一回二時間程度を一か月ないし二か月の間を空けて七回行う。授業の前にはアンケートや課題を与えて、次の授業のテーマについてあらかじめ自分で考える時間をとってもらう。授業では、少年たちとスタッフとが椅子だけのサークルになってすわり、最初に「動物に例えると自分は○○だと思います。なぜかというと……」といったユーモラスな自己紹介をして和やかな雰囲気をつくる。そのあと、リーダーのスタッフがその日の授業の進め方を説明し、そのあと少年一人とスタッフのペアまたはスタッフも入ったグループでロールプレイやディスカッションをし、最後に各グループで話題になったことや気づいたことを全体に報告して交流する。各回のテーマと進め方は次のようなものである。

**第1回——犯罪被害者のことを知る**

▼犯罪被害者は、どのようなことに苦しみ、どのような訴えをもっているのか。
▼犯罪被害者には、どのような支援が必要で、どのようなことによって救われるのか。

**第2回——ロールプレイで実感する被害者の気持・加害者の気持**

▼ある架空の恐喝事件を題材としたロールプレイで、まず加害者の台本を読み、加害者役になりきって、スタッフに体験や気持を語る。
▼次に初めて被害者の台本を読み、被害者役になりきって、スタッフに体験や気持を語る。

**第3回――自分にも被害体験はないか？　その時どんな気持だったか？　考えてみよう**

▼授業前にアンケート……これまでで一番幸せだったことと辛かったことを書く。自分が辛かった体験を思い起こすことで、自分にも広い意味の被害体験があることに気づいてもらう（少年院にいる多くの少年たちは親からの虐待や不良交友の先輩からの暴力を受けている）。

▼スタッフに自分の被害体験を話すことにより、犯罪被害者一般や自分の事件の被害者の心情に思いを致す。

**第4回――被害者が加害者に対して望むこと**

▼授業前にアンケート……自分の事件の被害者は自分に何を望んでおり、それについて自分に何ができるかを考えて記入する。

▼スタッフとの話し合いと全体ディスカッション

**第5回――犯罪被害にあった被害者は、どのような体験をし、どのような気持をもつのだろう**

▼授業前に、自分の事件の被害者が①事件当時、②事件から一週間後、③三か月後、④六か月後、⑤一年後にどのような体験をするかを想像して表に記入する課題をする。

▼スタッフと一緒にその表を見ながら、一つ一つていねいに、さらに想像を具体化する話し合いをする。

**第6回――被害者になって自分の手紙の内容を聞き、被害者と会って自分の気持を伝えるロールプレイ**

▼授業前に自分の事件の被害者に手紙を書く。
▼スタッフが少年の書いた手紙を読み、少年は被害者になりきってそれを聞く。その後、どのような言葉が被害者にとって良かったか、どのような言葉は良くなかったか等を話し合う。
▼次に、スタッフが被害者役になりきり、少年が自分の事件の被害者と会って自分の気持を伝えるロールプレイをし、その後、双方の感想を話し合う。

**第7回――問題解決能力を身につけよう**

▼仮退院して地元に戻ったさいに問題解決能力が求められる四つの場面を提起し、その内自分が直面しそうな場面についてスタッフと解決策を話し合う。必要に応じ、その場面のロールプレイをしてみる。

①非行の一因だった家族の問題が依然としてある
②不良交友のあった友人からの誘い
③少年院にいたことを隠して就職した場合の職場での人間関係
④被害者からの損害賠償請求

## ●――少年たちの思い込みと実際の被害者

私たちがこの授業を始めた頃、まず驚いたのは、少年たちが「被害者は絶対に一生自分を恨み続ける」

「二度と自分と関わり合いになりたくないと思っている」と決めつけていることだった。

もちろん事案によっては、少年たちの思っているとおりの場合もあるだろう。しかし、私たちが対話の会を通じて出会う被害者の方の中には、たとえ死亡事件であっても、「事件の真実を知りたい」「加害少年が事件のことを今どう思っているのか知りたい」といった理由から、加害少年との対話を求める方もいる。逆に、他人からは軽い犯罪だと思われがちな窃盗や恐喝でも、盗まれた物が結婚指輪であったり、被害にあったことがきっかけで人生が変わってしまっていたりすると、加害少年から対話を求められても、到底応じる気になれないと言う方もいる。

被害者の思いは、決して犯罪の種類などで類型的に決めつけられるようなものではなく、一人一人みな違うのである。そして同じ被害者でも、時の流れによって変わることも、同じ一日の中でも、朝は恨みがつのり二度と加害者の顔も見たくないと思ったのに、夜には加害者と会って本当に反省しているのかどうか確かめたいと思ったりもするのである。

私たちがこの授業を通して少年たちに伝えたいのは、このような生身の被害者、少年たちが少年院の中で「変わる」ように、社会の中で被害に苦しみながらも「生きて」「変わっていく」被害者の姿なのである。

## ●――少年たちの「aha体験」や「気づき」

少年たちは、ロールプレイやグループ・ディスカッションを通じて、たくさんの「aha《アハ》体験」（心理学で「ああそうだったのか！」というひらめき体験を表わす言葉）や「気づき」をする。

第二回の架空の恐喝事件のロールプレイでは、加害者役をやったあとに被害者の台本を初めて読み被害者役をやることで、

「ああそうだったのか！　被害者にはこんな事情があったのか！」と知る。両方の役をやったあとの話し合いでは、

「加害者は被害者の説明もろくに聞かずにカッとなって殴ってしまった。もし被害者の話をよく聞いていたら、殴ったりしなくてすんだのに」と気づく。

在院中に被害者から損害賠償請求の裁判を起こされたある少年は、「被害者が求めているのはお金だけ」と決めつけていた。しかし、スタッフから、被害者の中には、たとえ裁判に勝っても少年側に支払い能力がないことを知りながら、事件の真実や少年側にどれだけの反省や誠意があるのかを知りたくて裁判を起こす人もいるという話を聞き、決めつけをやめて、自分の被害者が真に求めているものは何かを考えるようになった。

ある空き巣をした少年は、第五回の授業で被害者の体験を具体的に想像するうち、

「被害者は玄関を開けて部屋が荒らされているのを見た時、まだ犯人が家の中にいるかもしれないと思っただろう。だとしたら、どんなに怖かっただろう」

「そうだ！　女の人だから、犯人が自分をレイプするために侵入したと思ったに違いない。だとしたら、怖くてもうあのマンションには住んでいられず、引っ越したかもしれない」と言い出した。彼は、事件から一年も経って初めてそのことに気がついたのだ。

多くの犯罪で、加害者側から見た事実と被害者側から見た事実には食い違いがあるものだが、こんなふうに少年たちはそのことに気づいていく。そして、自分のしたことの被害者にとっての意味を知る。すると、誰に押しつけられることもなく、心の底から「ああ、わるかった。申し訳ない」という気持が沸き起こり、自分にどんな償いができるのかを考え始める。それまでは、少年院にいること自体が「償い」だと思っていた彼らが、それだけでは被害者その人に対する償いにはなり得ないのではないかと考え始めるわけである。

## ●――「気づき」の援助をする意義とその応用

四年間この活動をしてきて、私たちは少年たちの「可塑性（変わる可能性）」というものに、いつも驚かされ、たくさんの感動をもらう。たまたま社会経験が乏しいためにとんでもない思い込みをしている少年も、ちょっとした示唆で「本当にそう？」と揺さぶってみると、そこにはみずみずしい感性があり豊かな想像力があって、自分自身の力でその思い込みを打破し、新たな考えや視野を広げることができるのである。

このことは、家庭や学校で起きるさまざまなトラブル場面についても同じではないだろうか。相手の立場に立って考えるという機会を、お説教ではなく、ロールプレイなど上記のプログラムの応用で与えてみていただければ、きっと良い「aha体験」や「気づき」が得られると思う。

## 7――対話によるいじめの予防と対策

### ●――いじめって何?

いじめは集団の病理である。集団が、一人一人の個性を尊重せず自由闊達な雰囲気をもたないとき、いじめが生まれる。いじめられている子に責任や原因はない。むしろいじめている子の側の心にある閉塞感やストレスこそ、いじめの原因と言える。いじめられている子は、ただそのはけ口・標的にされているだけなのである。

したがって、いじめを克服するためには、まず集団そのものの雰囲気を自由闊達なものに変えること、次にいじめている子の心にある閉塞感やストレスの原因を把握し、これを和らげることが大切である。たとえば、担任の先生があまりに几帳面で完璧主義である場合、他の先生がのびのびした雰囲気を作ってあげるとよい。また、いじめている子は、自己肯定感が持てず家庭に問題をかかえていることも多いので、じっくりその話を聞いて問題解決に手を貸してあげるとよい。

## ●――理想的ないじめ対応

いじめの四層構造論というのがある。いじめには、①被害者、②加害者、③観衆（いじめをはやしたておもしろがって見ている子）、④傍観者（見て見ぬふりをする子）の四層があり、いじめ被害の大きさは「加害者」の数とは関係なく、「傍観者」が多くなるほど被害が大きくなるというのである。逆に「傍観者」が少なくなれば「加害者」はクラスから浮き上がっていじめは減るというわけだ。

ある中学校の先生は、この「傍観者」の中の心ある子何人かに、いじめられている子を守ってやって欲しい、いじめている子を褒めて自信を持たせてやって欲しいと頼んだ。その子たちは、文化祭の演劇の準備で、いじめられている子を衣装係に、いじめている子を大道具係に誘った。夏休みの間に、係ごとに集まって衣装を縫ったり大道具を作ったりしているうちに、いじめられていた子は孤立感から救われ、いじめていた子は自分もみんなの役に立つんだという自信を持ち、秋にはいじめが収束していったとのことである。

私は、すばらしい実践だと感心した。周囲の大人がアンテナを高くし、早い段階でこの先生のような手を打つことが、いじめ克服の最も効果的で誰も傷つけない解決策なのではないだろうか。ただ、どの先生にもこのような実践ができるとは限らない。対話の会では、これまでの実践を踏まえ、いじめ予防策である「修復的サークル」といじめ解決策である「修復的対話」を、どの学校でも実践できるプログラムとして推奨している。

### ●——「修復的サークル」によるいじめ予防

学校での朝の会やホームルームで、クラス全員がサークルになって座る。トーキング・ピース（それを持った人が、今話している主人公であることを示す物……花でもボールでも何でもよい）を回しながら、一人ずつ「今、みんなに聞いて欲しいこと」とか、「この頃、気になること」などのテーマで話す。普段の授業では、よく手を挙げて発言する子もいれば、一日中まったく手を挙げない子もいるが、ここでは、必ず自分が主人公になり、みんなに注目してもらい自分の個性や考えをクラス全員に伝えることができる。聞いている側も、「普段目立たないあの子がこんなことを考えていたのか！」とか、「この子には、そんな素敵な面があったのか！」などと気づくことができる。

その他にも、遊びや共同作業の中でコミュニケーション能力を高めるプログラムがある。先に少年院での活動で紹介した「動物に例えると……」の自己紹介もその一つである。「友だちと仲良くするのに、すると良いこと、してはいけないこと」という遊びも、なかなか盛り上がる。ピンクの部分と白い部分のある四枚の紙を子どもたちに渡す。四グループに分かれて、ピンクの部分には「すると良いこと」、白い部分には「してはいけないこと」を思いつくまま落書きのようにみんなでたくさん書く。書き上がった四枚の紙を合体させると、そこには、ピンクの大きなハートのマークが現われ、ハートの内側には「助け合う」「ほめる」「相手の気持になる」などの暖かい言葉が、ハートの外側には「悪口を言う」「無視する」「仲間はずれにする」などの冷たい言葉が書かれている。誰もハートができるとは思っていなかったので、びっくりすると同時に、ハートの中に思い思いに書かれたたくさんの暖かい言葉に感動する。これを記念にクラスの壁に貼っておけば、いつでもこの感動を思い出すことができるというわけである。

## ●――「修復的対話」によるいじめ解決

これは被害者加害者対話の会の応用であるが、被害者加害者の場合と決定的に違うのは、初めからどちらが加害者でどちらが被害者と決めつけて対応してはいけないということである。いじめは人間関係のもつれから起きるもので、一方はいじめられたと感じていても、他方はそうは思っていないことが多いからである。いじめたつもりはないと思っている子に「いじめた」と決めつけて接しても、反発を招くだけでいじめ解決にはつながらない。むしろ、相手にいじめられたと感じさせるような行為をした理由やその背景にあるその子の心の中のストレスや不満を十分聞いてあげ、そのストレスや不満の解決に手を貸してあげることこそ大切である。そうしていくと、しだいにその子は、自分が本当は相手の子とは関係のないストレスや不満のはけ口としてその行為をしていたことに気づく。また、そのあと、相手の子の辛さや悲しみを徐々に伝えていくと、反省の気持も生まれる。こうしたことを進行役が準備段階で行った後に「対話の会」を開くと、いじめられたと言っていた子は、いじめた子の側にも辛いことがあったと理解し、いじめたとされた子も心からの謝罪をすることができるようになる。

## 8——ボタンの掛け違いを直して

弁護士の仕事をしていると、さまざまな人間関係のトラブルに出会う。離婚事件での夫婦、少年事件での親子、相続問題での兄弟、近隣紛争での隣人同士……、どの紛争でも、ボタンの掛け違いのようなコミュニケーション不足から疑心暗鬼になり、許容範囲をはるかに超える距離や対立ができてしまっていることを感じる。そこに公平・中立な第三者が入り、それぞれの話を十分聞き、それを相手に少しずつ伝えていくと、掛け違っていたボタンの位置が少しずつ直っていく。対話の会の活動は、そうした活動なのだと実感している。

これからも心優しいスタッフとともに、ふつうの地域住民の一人として、ボタンの掛け直しに努めていきたいと思っている。

# 第6章

—

# 子どもはこう見る親の離婚

［アメリカの子、日本の子］

渥美雅子

およそ幸福な家庭はみな似たりよったりであるが、
不幸な家庭はみなそれぞれに不幸である。

トルストイはアンナ・カレーニナの書き出しでそう言っている。では、それぞれに不幸を背負っている家庭の子どもたちはどうか。

離婚家庭やDV家庭や、あまり仲の良くない両親をもってしまった子どもたちは、親をどのように見て、どのように悩み、どのように対処し、そのことが子ども自身の人格形成にどう影響してくるのか、前々から関心があった。一度子どもの目線で検証してみたいと思っていた。仕事でたくさんの離婚調停や離婚訴訟とかかわるうちにその思いはますます強くなった。その原点には自分自身のこんな体験があるからかもしれない。

## 1――子ども時代、私の場合

小使いさんがカランコロンと鐘を鳴らしながら廊下を通り抜けた。ベルではない。それが授業終了の合図だ。ようやく戦後の混乱が治まりつつあった昭和二四年（1949）、バラック小屋同然の小学校の裏門から、布製の鞄を横抱きにして外に出ようとすると、欅《けやき》の木の向こうで何かが動いた。人が立っている。

「あ、お母ちゃん」

母は黙って手招きをした。

「どうしたのお母ちゃん」

「お前、びっくりするんじゃないよ。お母ちゃんはお父ちゃまとはもうとても一緒にゃ暮らせない。うちを出てくから」

「出てくって、どこ行くの？」

「わからない。観音様の境内でおこんじき（乞食）をやるか、井戸に跳び込んで死んじゃうか」

「お母ちゃん行かないで。行くなら私も行く」

「お前はウチにお帰り。明日はまた学校に来なきゃいけないんだから」

それだけ言うと母はスウーッと木立の向こうの丈高く雑草が繁る畑の陰に消えた。

夜になると座布団の上に胡坐をかいている父に呼ばれた。

「お父ちゃまとお母ちゃんは近いうちに別れることになる。お母ちゃんにはこの家から出して行ってもらう。お前はどっちの子になりたいか」

私が黙っていると父は
「お前はこの家の子だからこの家に居なさい。苗字が違ってもこの家の子だから」

苗字が違っても、という意味は、その頃父と母は入籍しておらず私は「庶子」という身分だった。今でいえば父親が認知した非嫡出子だ。学校では一応父の姓を名乗っていたが、戸籍上は母の姓である。というのも、父親も母親も再々婚で一緒に暮らしていても入籍しようとはしなかった。というか、互いに「この人とは長く一緒に居られそうもない」という予感があったのかもしれない。

母には前夫との間に息子がひとり居た。その息子がどこに住んでいたのか私は知らない。父は私に自分を「お父ちゃまと呼べ」と言い、母に対しては「お母ちゃまと呼ばなくていい、お母ちゃんと呼べ」と命じた。爾来、私は「お父ちゃま」「お母ちゃん」と呼んで育ち、長じて「お父様」「お母さん」と呼んで暮した。

翌朝、目を覚まして、こわごわ台所を窺うと、母が居るようすだった。昨夜、あれからどういういきさつでどういう話があって、そこに母が居るのかわからないが、とにかく居た。味噌汁に入れる味噌を擂鉢でごりごりと溶いていた。

そんなことがよくあった。私が東京の大学に通うために一八歳で家を出るまでに何度あったかわからない。数えきれないくらいあった。

そのたびに父親と母親はそれぞれ私に父親をとるか、母親をとるか答えを迫ったが、私はそのうち母親に聞かれれば「お母ちゃんと一緒に行く。おこんじきでも何でもする」と言い、父親に聞かれれば「おうちに居て御飯作ったりお洗濯したりする」と言い、いわば両方の気に入るような返事をするようになった。二枚舌である。一〇歳ぐらいの子どもが二枚舌を使うなど空恐ろしい気もするが、それが子どもながらの生きる知恵であった。

## 2——離婚を乗りこえる子どもたち

自分の原体験と仕事上の体験とを積み重ねながら、それでもなお消化不良気味であった時、私はアメリカの心理学者ジュディス・ウォーラースタインほか一名の学者が書いた『それでも僕らは生きていく』(PHP研究所 2001)という本を読んだ。ウォーラースタイン氏は、離婚が子どもに与える影響に関する研究の世界的第一人者である。

氏は一九七一年、一三一人の子どもたちとその家族を募り、その中から中流家庭で離婚前にはとくに問題のなかった家庭の子どもたちを何組か選び出し、その後その子たちが何を悩み、その悩みとどう戦い、どう折り合いをつけて成長していったか、五年ごとにインタビューをする形で離婚後二五年間にわたって追跡調査し、その結果を分析し評釈している。ここではウォーラースタイン氏（以下「W氏」と呼ぶ）が取り上げたケースをひとつふたつ紹介しながら離婚事情などもふくめアメリカと日本を対比しながら考えてみたい。

**case A――カレンの場合「世話係になりたがる子ども」**

カレンの両親は、彼女が一〇歳の時、離婚した。父は医師であり、母はフラワーショップでフラワーアレンジメントの仕事をしていた。カレンは三人兄弟の長女で下には八歳の弟と六歳の妹が居た。子どもたちはみな母に引き取られた。本の中でW氏は言う。

離婚後の家庭におけるカレンの役割は、離婚以前のものとはまったく異なっていた。家庭によっては、子どもが新しい役割を引き受けることで、全員が恩恵を被る場合もある。大人は必要としている助けを手にする。子どもは自身の成熟を手にし、その年齢には不似合いなほどの分別と思慮を他人に示す。……

カレンにとっての離婚の置き土産は、弟や妹のために両親の代わりをし、不運な両親のためのアドバイザーを務めることだった。

カレンはその後家族の世話係になって行った。

W氏の本で「世話係」という言葉を見つけた時、私はまさに自分の青春時代を見透かされたような気がした。私は、そう、どこに居ても世話係だった。家に居れば幼い弟の世話をし、母を慰め、父の発言に賛意を表し、学校に行けば、友達の勉強を見てあげ、先生や小使いさんのお手伝いをした。つねに学級委員とか生徒会役員という立場であったのでそれが当たり前と思って過ごしてきた。

わが家は離婚家庭ではなかったが、父母の関係がつねに険悪であったので、私自身の役どころはまさに「世話係」であったのだ。

しかし、子どもは自分が立派に世話係を果たすことでちっちゃな大人になってゆく。はたからみればしっかりした賢い子に見えるが、その子自身の子ども時代は喪われてゆく。

友達との無邪気な遊び、小さな競争、悪ふざけ、スポーツの試合やちょっとしたコンクールに出る昂奮、甘ったれて泣いたり笑ったり……そういったものがみな遠い世界のものに思えてくる。そして人間不信。教師や隣人や友達の言動に素直に応じることができない。さらには将来の夢。荒唐無稽な夢を抱き、それが実現するかの如き期待を抱くのが子どもであるが、ちっちゃな大人は現実的で、どこか醒めている。

こういう「ちっちゃな大人」というか「子ども時代の無い子ども時代」を過ごした子どもは、大人になってからの人間関係にえてして陰を落とす、とW氏はいう。

カレンは二〇歳を過ぎる頃、カリフォルニア大学のサンタクルーズ校に通ったり、ジョンズ・ホプキンス大学の公衆衛生プログラムを受講したりするが、その一方で優しいだけのろくでもない男と同棲する。彼はカレンに頼りっきりで何ひとつ行動を起こそうとしない。ここでもカレンはその男の「世話係」になることで自分を満足させようとする。カレンが「世話係」から脱出を企てるのは三〇歳を過ぎてからである。三四歳になって、ようやくまともな男と結婚し、自らも障害児の健康プログラムを作るというかねてから志していた仕事に就く。両親の離婚からじつに二〇数年の歳月が経っている。しかし二〇数年かけてでも子ども時代のトラウマから脱出したカレンに私は拍手を送りたい。

**case B——ラリーの場合「暴力と手を組む子ども」**

これは家庭内暴力（DV）を見て育った少年の話である。

ラリーは七歳の時、父が突然家を出て行く形で両親の離婚に直面した。父は語学学校のロシア語教師であり、母は公立高校のスペイン語教師であった。彼には四歳になる妹が居た。父は外では紳士であったが、家では暴君で母親に対して滅茶苦茶に暴力をふるった。

父親が出たあと、彼はたちまち父親のレプリカに変身し、空いた父親の席に自ら座り、態度や行動を真似て父親の代理をつとめるようになった。自分の苦しみのすべてを母親のせいにし、一方において父親の怒りの責任は自分にあると感じて自分の無力をも責めた。

高校生の頃には、飲酒、ドラッグにふけり、失望と憤怒の中で、自分の苦しみは母親のせいだと思い続けていた。

その考えが変わったのは二〇歳近くなってからである。

ラリーの非行に手を焼いた母親が別れた夫にラリーをひきとってほしいと頼み、ラリー自身もそれを望んでいたところ、再婚した父親から「今は一緒に住むのによい時期じゃない」と拒絶の手紙をもらった時からだ。その時ラリーは絶望し、父親の言葉の欺瞞性に気づき、翻って母親の苦労が見えてきた。

二二歳にしてコミュニティ・カレッジに入学し、学費は自分で稼ごうと決心する。この時ラリーは「自分で自分の父親になる」ことを決意したという。三二歳にして建築技術士になり結婚して円満な家庭をもつ。

私はラリーにも拍手を送りたい。DV家庭に育った息子が結婚するとえてして自分も暴力亭主になる。その構図は以下に説明するが、そうならなかったラリーはすばらしい。

ラリーは一時期父親と同盟関係を結び父親のレプリカになった。

## ●——なぜ暴力に与するのか

子どもたちはなぜ暴力的な父親と同盟関係を結びたがるのか。

暴力の悲惨さを目の当たりに見て、自分もまた暴力を受け痛い思いもしているはずなのに、なぜ暴力側に加担しようとするのか。

その最大の理由は己の〈無力さ〉にあると思う。子どもは無力である。物理的な力も、知恵も、金もない。何も持たない者は持てる者と手を組んで己の無力さを補おうとする。それによって身の安全を図ろうとする。ちょうどいじめの構図と同じである。いじめっ子の側につけば取りあえず安泰である。いじめられっ子を庇えば次は自分がやられるかもしれない。そんな保身願望が無意識に働くのではないか。

そしてまた身近に敵を見つけたがる。桃太郎の敵は鬼、赤頭巾ちゃんの敵は狼、アンパンマンの敵はばいきんまん。単純明快な敵を見つけたがる。そういう子どもたちの前で暴力夫は「お前が○○したから悪い」「お前が○○しないから悪い」と妻を罵り殴りつける。すると子どもはその論理をそのまま信じ込む。悪いのはお母さんだ、○○したお母さんが悪いんだ、○○しないお母さんが悪いんだと思い込む。屁理屈をつけて暴力を振るう父親の論理をそのまま真に受ける。そして母親を敵とみなす。

子どもがある程度成長してその論理がまやかしであることに気づくと、子どもはようやくその呪縛から解放されて仮想の敵意識を捨てるようになる。

そしてもうひとつ。社会は総じて暴力に甘すぎるのではないかとも思う。ラリーの例はアメリカのケースだが、じつは子どもたちが父親の暴力に与して一緒になって母親を殴ったり、父親が家を出ていくと、その父親に代わって長期間にわたって母親に暴力をふるうケースが日本にもたくさんある。息子だけではない。娘も同じだ。

私が担当したケースにも六〇代になる母親に子どもも二人がこもごも暴力をふるい続けているのがあった。

三二歳になる娘と、二九歳になる息子と二人で私にあたるんです。娘はパートでちょこっと働いていますが、息子はぜんぜん働いていません。生活保護と足の不自由な私の障害者年金で暮らしています。二人ともこんなところに生まれたくなかった、こんな家に俺たちを産んだお前が悪いって……。主人はトラックの運転手をしていましたが、お酒と暴力と……最後は同僚と喧嘩して怪我をさせてしまって……。今は、服役しています。

こうなる前に学校や社会で子どもたちに暴力は卑劣なことであり、暴力では何も解決しないことを教えられなかったのだろうか。わが子に「殴られたら殴り返してこい」などと教えるのではなく「殴るのは卑怯なことだよ。殴ると友達はみんないなくなっちゃうよ」と言ってやったら生涯その子は暴力をふるわないだろう。また、暴力をふるう側には与しないだろう。それを教えるのは、大人の、社会の役目である。

### ●――片親の喪失から両親の喪失へ

親が離婚することによって子どもは事実上片親となる。片親となるどころか事実上両親を失うに等しい状態となることもある。

W氏は指摘する。

親が自分の人生を立て直すことに手一杯になると、子どもたちに対する保護が弱まる。それればかりか、子どもの弱さや不機嫌さや反抗に対する寛容さも激減する。

例えば、父親が出て行き、子どもは母親と暮らすことになったとする。この時点で子どもは「父親の喪失」を感じるだろうが、同時に母親は経済問題を抱え、それまで専業主婦だったとしても働き始める。パートタイマーがフルタイマーになったり、時には仕事を二つ三つ掛け持ちで働くこともある。当然家に居る時間は短くなり、くたびれ果てて職場から帰ってくる。今まで子どもと遊んだり、お喋りをしたり、宿題をみてやったりしていた親でもそれどころではなくなってしまう。学校行事にも参加できない。母親はよく「家に帰っても子どもの寝顔を見るだけです」と言う。子どももまた母親の後姿を見るだけとなる。たまに親子で一緒に居ても機嫌よく話につきあってはくれない。以前の優しく甲斐々々しい母親はどこへ行ってしまったのか、子どもたちは父親の喪失以上にこうした形での母親の喪失にとまどう。とりわけ専業主婦から母子家庭へと移行したような場合、その落差が大きい。

## ●――子どもに対するインフォームド・コンセント

また親の離婚を子どもにどう伝えるか、いつ伝えるかも難しい問題である。

多くの子どもたちは離婚について何の説明もなく突然そうなった、と感じているようだ。日頃から両親の仲の悪さに悩んでいた子どもでさえ、まさか離婚はしないだろう、やっぱりしてほしくなかった、と思っている場合が多い。

親たちは、「子どもに話したってどうなるものでもない」「かえって余計な心配をさせるだけだ」「子どもに相手の悪口はいいたくない」「子どもに親を選ばせたくない」などと思ってつい言いそびれてしまうのかもしれない。それはもっともである。

だが、その結果突然の離婚に直面した子どもたちは、疎外感といつまでも自責の念を持ち続ける。「僕なんか邪魔なんだ、居ないほうが良いんだ」「私が悪い子だからパパとママが喧嘩になる」と思っている子どもは多い。

こうした思いを取り除くために、離婚は親同士の問題であること、そして離婚後の生活の変化についてある程度の見込みを伝えておいた方がいい。転居や転校をせざるを得ない時はなおさらである。子どもは今の環境が変わることに恐れを抱く。学校が変わる、先生が変わる、友達が居なくなる、野球は続けられるのだろうか、合唱部の練習はどうなるのだろう、もうすぐコンクールなのに……などとさまざまに小さな胸を痛ませる。

引越しの準備を始める前に、転校手続きを済ませる前に、まず話すべきだ。

話すなら、親も子どもも静かな時間がとれる時がいい。明日なにかがあるので、今夜は大忙し、そんな時でないほうがいい。また体調の良い時がいい。風邪をひいたり、転んで怪我をしたりした時は避ける。ダブルパンチを与えない配慮をする。子どもの質問にはできるだけ正直に答える。子どもが意見を述べることのできる年齢ならば意見を聞くほうがいい。

「離婚するかしないかどっちが良い？」と聞けば子どもは十中八九「しないほうが良い」と答える。どんなに夫婦仲が悪くてもＤＶ家庭であっても、やっぱり離婚してほしくない、と考えているのが子どもだ。

子どもにそう言われてしまった時、親はどう対応するか、それは前もって十分考えておいたほうがいい。

また子どもに「パパとママとどっちと暮らしたい？」と聞くのは酷だ。本当に選択権があるならまだいい。しかし多くの場合は、夫婦のそれぞれの意見と事情ですでにほぼ決まっている。ならばそれをはっきり言って、今後別れて暮らすことになるもう一方の親とどのように付き合いたいか聞くほうがいい。子ども自身にどちらか一方の親を選ばせた場合、子どもは選ばなかった親に対してずっと罪悪感をもつことになる。

私の母は、父と喧嘩をしたり、父から殴られたりするたびに

「あんたさえ居なきゃあんな男とは別れてやるのに」と言い続けた。

はじめのうちは辛かったが、何回も言われ続けると慣れてきて、自分を否定されたとか、母親の人生が自分の存在によって悲惨なものになったとは考えないようになった。母親は弱い人だった。自分の不幸をひとのせいにしたい人だった。その本音が透けて見えていたからかもしれない。子どもは案外親の本音を見抜いているものである。母は、こうも言った。

「女は手に職がないと惨めだから、あんた大きくなったら手に職をつけなさいね」

これはまったくそのとおりだと感じ、小さい時から真剣に手に職をつけようと思い定めていた。

「大きくなったら手に職をつけてお父ちゃまとお母ちゃんを離婚させてあげよう」と真剣に考え

ていた。

親は、自分の生き方をつねに子どもから見つめられている、と思わなければいけない。

「子どもは何もわかってない。親が幸せなら子も自然に幸せになる」と考えるのはあまりに楽観的だ。また「離婚や家庭不和は一時的なものであり、その峠を登り切れば親も子も幸せになる」と思い込むのも楽観的過ぎる。

子どもはいろいろな形で親から受けたダメージを心の奥深くに溜め込み、それが長い期間にわたって熟成され、性格や行動に影響を及ぼすものである。

## ●――醸成されていく怒り

私がこの原稿を書いていたちょうどその時(二〇一三年二月一二日)、グアム島で無差別殺人事件が起きた。犯人はチャド・ライアン・デソトという二一歳の男。車で歩道を一〇〇メートル暴走し、コンビニの壁にぶつかって車が止まるとナイフを携えて表に跳び出し、その場に居合わせた観光客に誰彼となく切りつけたという事件だ。これによって日本人三人が死亡し、一〇人が負傷した。その場で逮捕された犯人は警察の調べに対し
「車とナイフを使ってできるだけ多くの人を傷つけようと思った」と述べたという。ドラッグもやっていたらしい。

ただ事件後、友人・知人に彼のこれまでの行動などを尋ねると「高校を卒業後、俳優になって映画のCMに出演したり、主演映画がグアム国際映画賞で賞を受けたこともある。才能もあり優しい男だった」「最近親が離婚したらしい。その頃から荒れてドラッグに手を出すようになったのでは?」などとコメントしている。

そんなニュースが次々と入ってきた。

するとデソトという男を悪魔に変身させたのは親の離婚だったのか。真相は今後おいおい明らかにされていくであろうが、私はこの事件の最初の報道を聞いて愕然とした。

## ●——親に対する不平を社会にぶつける

親に対する不平不満、恨みつらみ、それを無差別殺人という激越な形で社会にぶつける、あまりにもゆがんだ形ではあるが、彼の心の闇は深い。その点では私にも多少思いあたる節があるような気がした。

私は子どもの頃「お勉強ができる」「手間のかからない」「しっかり者の良い子」だった。自分で言うのもなんだが、学校へ行けばたくさんの友人があり、クラス委員をやったり、生徒会役員をやったり、学校を代表してどこかへ行ったり、かなり注目され、活躍していた。つまり学校の中に自分の居場所があった。

ただ、その一方で近くに居る大人に対して相当反抗的でもあった。ターゲットにされたのは学校の先生だ。教え方の下手な先生、意地悪な質問をしてそれにうまく答えられなかった先生などが何人か生け贄にされた。

そのひとつに「社会科白紙答案事件」がある。高校一年生の時だ。授業中ひたすら教科書を読み上げるだけで教師自身の言葉で説明することがまったくなかった一般社会の教師に腹を立て、私は期末試験の社会科の答案を白紙で提出したのだ。

職員会議でかなり大きな問題になったらしい。私は職員室に呼ばれクラス担任の教師からなぜ白紙で提出したのか釈明を求められた。

「先生、期末試験の意味って何ですか？」

「それは君たちがこの学期でどれだけ学力をつけたか、と」

「一般的な学力の査定ですか、それとも特定の先生から何を学んだかという査定ですか」

「まあ、両方の意味があるが……」

「私はあの先生からは何も学んでいません。あの先生は教科書を棒読みしていただけです。そんなことなら私でもできます。自習すれば十分です」

「それで君は白紙で出したのか」

「そうです。赤点覚悟です。あの教え方で教師がつとまると思っておられるなら、あまりにも生徒をなめています」

担任の教師は黙ってしまった。いつも私に目をかけてくれていた人だ。これを職員会議でどう説明するか、困ったに違いない。担任には申し訳なかったが私はズケズケと言った。

その後この一件を教師たちがどう処置したのか私は知らない。結果として赤点にはならなかった。

このことは同窓会のたびにクラスメートから一種「武勇伝」として「あんたあの頃元気良かったんだよねえ」などとからかわれる。

それにしても、あそこまで過激に反抗し、教師を追い詰めてしまったのは、私自身別の原因で心の中に闇を抱えており、それを身近に居る大人や社会にぶつけたかったのかもしれない、と最近になって思うようになった。

### ●——アメリカの面会交流

父と別れ、母と共に暮らす子どもはおおむね定期的に父に会いに行くことになる。

このことはすでに第4章で深沢實氏が詳しく述べたが、アメリカでの実情についてW氏はこんな批判をする。

面会のスケジュールは、双方の親がそれぞれスケジュールを出し合いそれを調整した上で裁判所が決める。例えば、八歳と一三歳になっていた子どもたちの希望や要求は、何一つ考慮されない。こうしたことが国中で頻繁に起きている現状には、衝撃すら覚える。子どもたちは通常、彼らの生活に劇的な変化をもたらすことになる計画を立てる場へは招かれない。どちらの親も、子どもたちに、子ども自身がどうしたいのかは尋ねてはくれない。裁判所での取り決めが終わると、親たちは法的に定められたそれぞれの立場に落ち着き、頑なに裁判所の命令を守り、お互いに最低限の連絡しか取り合わなくなる。……

長いこと離ればなれだった父親は、子どもたちにとって他人同然だ。長女はいつもの素っ気ない態度で、むっつりと黙りこんでいた。次女は、あの人、私たちをどこに連れていくの？　そこで何をすればいいの？　友だちには何て言えばいいの？　何で行かなくちゃいけないの？　と泣きわめいた。……

子どもたちは、ほかの子どもたちと同じように本物の父親がいる生活に興奮したが、ここ数年の間、父親がどこにいたのかはわからなかった。父親にどう聞いたらいいかもわからなかったし、父親のほうも説明しなかった。また彼女たちは、見知らぬ男性と見知らぬ場所に置き去りにされることに恐怖を感じてもいた。ことに思春期に入っていた長女は、初潮を父親の家で迎えたとき、いたたまれない思いをした。彼女は、それをどう父親に告げるか、死ぬほど悩んだ。

この家庭に限らず多くの家庭では、別れた父親と子どもがどう一緒に過ごすかを誰も話し合おうとしない。長く離れていた父と娘の溝をどう埋めるかも話さない。親たちは、面会が子どもたちの生活に割りこむことへの憂慮を相談し合わない。また裁判所は、状況に合わせて徐々にスケジュールを改変していくというフレキシブルなルールを設けようとはしない。基本的に、子どもたちは物のように扱われ、すべては最善の形になるという仮定のもとに送り出される。

子どもたちの不安に気づかないまま、父親は娘たちが幼い頃したのと同じことをしたがる。娘たちを公園に連れていったり、レンタルビデオ店に行ってビデオを借りてきたり、子どもたちは週末をテレビやビデオを見るか、用事を済ませている父親にまとわりついて過ごすようになる。彼はよい父親になろうと努力するものの、数年間の不在と、友達との付き合いを邪魔されたことへの娘たちの怒りを乗り越えるのは、並大抵のことではない。

面会に対する子どもたちの気持は、父親とはまったく違う。友人との付き合いや学校の活動が犠牲になることに苛立ちを感じ、父親と、自分の生活に干渉してくる裁判所に激しい怒りを感じる。

そのような状況下、アメリカでは一週間に何千人もの子どもたちが付き添いなしで飛行機を乗り継いで親に会いに行っているという。

だが、時にはこんなケースもあるらしい。

面会にくる子どものために父親がホテルの部屋を二つ予約し、ひとつは宿泊用、もうひとつはちょうどその日が誕生日となる子どものために友達をたくさん呼んで誕生パーティを開いた。これなら子どもはパパと一緒に一回、ママと一緒に一回、合計二回、誕生日を祝ってもらったことになって、大いに得をした気分になるに違いない。

アメリカの絵本『おうちがふたつ』（クレール・マジュレル文、カディ・マクドナルド・デントン絵、明石書店 2006）も子どもたちがパパのお家へ出かけて行くことを楽しんでいるようすが描かれている。

日本にもある。例えば『ウホッホ探検隊』（干刈あがた著、福武書店 1984）などという本がそうだ。干刈さんはこの本を一九八三年に書いている。小学校六年生になった男の子を育てるお母さんが、卒業式にネクタイを絞めて出席したいという息子にネクタイを持たせ、別れた父親のところに結び方を教えてもらいにやる。その場面がユーモラスに描かれている。そして「僕たちは探検隊みたいだね。離婚という、日本ではまだ未知の領域を探検するために、それぞれの役をしているの。パパはいつもウホッホって咳払いするからウホッホ探検隊って名前にしようよ」と息子が提案する。母も賛成。この母親は父親と別れたシングル・マザーではあるが、めっぽう明るい。ネクタイの結び方など、ネクタイ売り場の店員に聞けばわかることであろうが、そうせずにわざわざ「パパの出番」を作ってあげて息子を父親のところへ送り出す、その母親の賢さと心配りに感心する。

ネクタイの結び方だけではない。男の子を育てる母親や、女の子を育てる父親は時に同性でないと子どもに教えにくいという事象にぶつかる。先に引いた初潮の例もそうだが、男の子に「タチション（立小便）」を教えるなどというのもそのひとつではあるまいか。住宅や公共施設が洋式化してきた現代では「タチション」などできなくても支障はないかもしれない。だが、これから先どういうことが起こるか、どういう所へ行くか知れたものではない。できないよりはできたほうがいい。

話はちょっとそれるが、わが家では時に孫を預かる。四歳児の男の孫をひと夏預かった時、夏休みのテーマとして「タチション」をマスターすることを掲げた。ここはジージの出番である。長野県北安曇郡白馬村にある山荘で、野山を歩いたり川をジャブジャブ渡ったり、虫を捕ったりして遊びながら、ジージは自ら模範演技を示し、「タチション」を教え込んだ。夏休みあり、孫はそのことを得意になって保育園の先生に報告し、先生の前で実演して見せたという。

パパのところへ面会交流に行く男の子にもこれは応用できるのではないだろうか。

面会交流を義務としてではなく、権利として子どもの目線で捕え、親子で共有できる貴重な時間を作りだすさまざまなノウハウを開拓したいところだ。

## ●——共同監護

またアメリカでは最近離婚した夫婦が子どもを共同監護するケースが増えているという。一週間の半々、一か月の半々、一年の半々を父と母とほぼ同じ時間になるように分けあう。週の前半は母の家で、後半は父の家で、長期休暇の前半は父の家で、後半は母の家で過ごすというように子どもたちの居場所を分けあう。

アメリカではすでに三〇年以上前にこのことが議論の俎上に上っている。

一九八〇年、カリフォルニア州は離婚後の監護権協定に共同監護権を加えた法案を通過させた。判事や弁護士はこの新しいオプションをより望ましい家族形態と捉えたのだ。その後、多くの州が後を追うように共同監護権を認めた。カリフォルニアでは、共同監護権をもつ離婚家族の数は五パーセントから二〇パーセントに跳ね上がった。一九八〇年代後半には、カリフォルニア州議会が、両親によるさまざまな監護権協定からの自由選択を認めることで、共同監護権を確固たるものとした。今日でも、二〇パーセント近くの家庭がこのオプションを選択している。そのほかの州では、共同監護権の現状はさまざまである。マサチューセッツのような大きな州では、二つの家を行き来している子どもは五パーセントしかいない。子どもをこのように共有することに関しては、今激しい賛否両論の嵐が吹き荒れているらしい。

その計画は裁判所で両親双方が出しあい、調停員がアドバイスして妥協案を出す。大半の親はそれで納得するらしいが、合意に達しない場合は裁判になり、裁判所が双方の親の精神状態と子育て能力を査定し、判決を下す。親たちはその判決に従い粛々と子育てを分けあっていくらしい。だが、その場合も子どもの意見を聞くことはほとんどない。また関係者がその後のフォローアップをすることもない。ここでも面会交流と同じ問題点がクローズアップされている。

じつは私も、日本の裁判所で〈共同監護〉の審判を受けたことがある。小学生の男の子二人が父の家で育てられており、近くに住む母は、別居中、自由に子どもたちと行き来していた。その状況を父親が不服として家庭裁判所に〈子の監護者指定〉の申立をしたのだった。母親は今までどおりでいいではないかと主張し、もしそれが駄目なら定期的な面会交流を設定してほしいと主張した。家庭裁判所では三か月かけて調査官に双方の養育環境やら子どもたちからの意見聴取をさせた上、双方の親のどちらが良いとも決めがたいので〈共同監護〉の審判を出した。ただアメリカのように細かく曜日や日時を設定することはしなかった。

結果としてどうなったか。

子どもたちのおじいちゃんが生きている間は、今までどおり母と子は自由に行き来ができた。だが、おじいちゃんが死んだとたん、父親から母親と会うことを禁じられ、結局母は面会交流することさえ不可能となった。

むろん、この時点で母が裁判所にもう一度調停を申し立てることはできなくはなかった。だが、子どもたちはすでに中学生になっており、部活や塾通いに忙しく、母はそれを慮って

「暫くそっとしておきます。高校生になって余裕ができればまた向こうから会いにくるでしょうから」

と子どもたちに会うことを中断した。それで良かったのかどうかわからない。

だが〈共同監護〉ということが別れた夫婦にとって感情的な抵抗が多く、日本ではまだあまり例がないこともあって、これをフォローアップしながら周囲が支えていくのは〈面会交流〉以上に難しいことを感じさせられた。

最後に離婚する夫婦にとって最も深刻な養育費と学費の問題について日米の比較をしながら少し触れておきたい。

## ●──養育費

両親が離婚すると、子どもが小さければ小さいほど母親にひきとられることが多い。そして、そこから子どもはビンボー母子世帯で育てられることとなる。

母子世帯がなぜ貧乏なのか。その最大の原因は女性の賃金が低いからである。一般的に言って全女性労働者の平均賃金は全男性労働者のそれの七割以下である。非正規労働者を含めると五割以下になってしまう。若い頃、正規労働者としてフルタイムで働いていた女性も、結婚・妊娠・出産を機に退職し、その後数年して再就職しようとしてもきわめて難しい。よほど専門的な技術や資格がないと復職できないし、復職できたとしても、嘱託か、パートか、期間雇用か、派遣か、とにかく非正規の形でしか働けない。収入は月額一〇万円内外というところである。

それを補うのは離婚した父親であろう。父親は母親と別れても子どもに対しては扶養義務を負っている。それも〈生活保持の義務〉という密度の濃い扶養義務である。

民法が定める扶養義務には二種類あって密度の濃いほうを〈生活保持の義務〉といい、密度の薄いほうを〈生活扶助の義務〉という。〈生活保持の義務〉とは一碗の粥も半分にして食べる、一切れのパンも半分に分けあって食べる、自分と同じレベルの生活を保障する義務である。一方〈生活扶助の義務〉とは、自分が普通に生活して余裕があったら助けてあげなさいという程度の義務である。親が未成熟の子どもを養うのは〈生活保持の義務〉であるからして、親が贅沢しながら子にひもじい思いをさせるのは許されない。

しかし現実はどうだろう。仮に母親が一一歳と一六歳の子ども二人を引き取って別れたとする。父親の年収は七三〇万、母親は一六二万、だとする。すると母親が父親に請求できる一か月の養育費は二人分で大体一一万内外である。一年にしても一三二万円、これを単純計算すると、父親は七三〇万－一三二万＝五九八万円、母親と子どもは一六二万＋一三二万＝二九四万円。父親は単身で五九八万円で生活し、母親と子ども合計三人はその半分以下で生活しなければならない。これでは同じレベルの生活ができるはずもない。

生活保持の義務といいながら現実にはこんなに格差が生じる。なぜなのか。それはここ一〇年来、法律実務家の間で使われてきた養育費算定方式・算定表の基準があまりにも低すぎるからである。この算定表は二〇〇三年三月に発表され、簡便であるが故に全国の家庭裁判所や弁護士の間で調法に使われてきたが、あまりにも支払者（多くは夫）側に有利であることがしだいに明らかになってきて、最近あちこちからその不合理性を指摘する声が挙がってきている。

算定方式・算定表の不合理性は、まず第一に父親・母親のそれぞれの収入の中から六〇パーセントを控除することにある。これをそれぞれの生活費、職業費などであるというが、いきなり六〇パーセントを控除し、残りの四〇パーセントを按分比例して子どもに回せという論法は〈生活保持の義務〉の趣旨を没却する結果となっている。

また、そのようにして算定された金額は教育費を含むものでもあるともいう。高等教育にかかる学費は別として、現代では小中学校に通う子どもであっても、けっこう教育費がかかるものである。学習塾、習いごと、部活の活動費など、時には生活費以上の費用がかかる。それはほとんど考慮されていない。

さらには母親が子育てを担当することになっても、その分の家事育児労働はすべて無償で母親に負担させる前提である。これはおかしい。財産分与の局面でも、年金分割の局面でも、妻が負担した家事育児労働は夫の収入の原則二分の一という法律上のコンセンサスがすでにできあがっている。

それなのに離婚後の養育費を算定する局面では母親の子どもに対する家事育児労働はまったく評価されていないのだ。

こうした不合理性を早くから指摘していたのは元久留米大学教授の松嶋道夫氏である。その後あちこちから同様の声が上がり、二〇一〇年三月には日本弁護士連合会からこれまでの算定方式・算定表の不合理性を払拭し、生活保持の義務に見合うような新しい算定の仕方が提案された。ここでは詳しい計算方法は省くが、日本弁護士連合会の提案に添って先に挙げた事例の養育費を算定すると、父親は月額約二二万円を支払わなければならないこととなる。ただこの算定方式が基準となり常識となるのはもう少し先の話になるだろう。

もうひとつ大きな問題は旧来の方式によって算出された養育費でさえ途中で払われなくなる率が何と八〇パーセントに昇っており、その支払をどうやって確保していくかということだ。松島教授は、決められた養育費を父親が払ってこない場合は、行政機関が取りあえず立替払いをしてその額を行政機関から父親に求償するシステムを作れないだろうかと提案する。妙案だ。そもそも子どもは親の子であると同時に社会の子でもあるのだから。

父親から養育費がキチンと支払われてくるかどうか、たえず心配しながら成長していく子どもは、その性格にどんな影響を来すであろうか。それを調査した文献があるかどうか寡聞にして私は知らない。だが、お金が続くなら第一志望の高校に行ける、お金が来なくなれば進学そのものがおぼつかなくなるとか、もう○万円あればピアノの稽古が続けられる、だけど今のままでは……などという不安を抱えている子どもは、自分の将来像をイメージできないのではなかろうか。決断ができない、自信がない、自己肯定観をもてない、そんな性格になりはしないだろうか。

## ●——学費

養育費以上に、父親が出し渋るのは大学の学費だ。

日本の法実務にあっては離婚のさい、学費を負担させることを調停調書や和解調書に書き込むことはなかなか難しい。せいぜい「子が大学進学を希望するさいには当事者双方で負担することを前提に別途協議する」というような条項を書き込む程度だ。だが、実際に別れた夫婦が数年後「別途協議する」などということは非常に難しい。

このことはアメリカでもほぼ同様である、というよりもっとドライだというべきかもしれない。

一八歳の誕生日を迎えると、離婚家庭の若者たちの多くは自分が不当な扱いを受けていると感じるようになるらしい。それは、養育費が打ち切られるからであり、離婚していない家庭の友人たちに比べて、自分がいかに不利な立場に置かれているかに気づくからだ。カリフォルニアを始めとする大多数の州では、子どもが一八歳になったら、あるいは高校を卒業したら、親が彼らを援助する義務はなくなる（アメリカでは成人年齢が一八歳）。その後の学校にかかる費用は、学費も教科書代も生活費もすべて、本人の負担になる。多くの若者たちは、この援助の打ち切りを、両親の離婚から受けた最悪の打撃と考えている。

学費に関してW氏はこう言う。

全員の大学費用の援助状況を比べてみて愕然とした。大学に通うための費用を全部、あるいは部分的に援助されている者の割合は、離婚していない家庭の若者が九〇パーセントなのに対して、離婚家庭の若者たちは三〇パーセントにも満たないのだ。

離婚に関する法律の改正を推進してきた組織も、大学の費用の援助という問題は重視していない。女性グループは、幼い子どもの養育費の問題に専念している。男性グループは共同監護問題の周辺をうろうろしている。

そして、その背景をこう指摘する。

大学進学をめざす離婚家庭の子どもたちの悲しい現状については、いくつか原因を挙げることができる。第一は、大かたの離婚協定では大学のことは話し合われないという事実だ。

法律は無情にも、養育費は子どもが一八歳になったときに終了すると定めている。少数の州（マサチューセッツ、ハワイ、ワシントン、オレゴン、ニュージャージー）を除いて、判事は養育費の延長を命じることはできない。たとえ、親に子どもを大学にやるだけの余裕が充分にあることや、子どもが真面目に勤勉であることを証明できたとしても無理なのだ。ニュージャージーやニューヨークやニューハンプシャーでは、もし両親が離婚していなければ、子どもが確実により高い教育を受けていたことを明らかにすれば、二一歳まで養育費の支払いを延長することを命じられる。ペンシルベニアにも同様の法律があったが、ある裕福な父親から異議の申し立てを受けた。彼は娘の大学の費用を出すつもりで以前から準備をしていたが、それに対して裁判所から命令を受けることに反論を唱えたのだ。というのも、離婚していない家庭の父親にはそんな法律上の義務はないからだ。そして裁判所は彼のこの訴えを是認した。

アメリカの自由主義もいいが、こういう判例をみると誰のための自由なのかと考えてしまう。

そういえば私が最近扱ったケースで、高校生の息子に関して近い将来必要になってくる大学進学の費用を負担してほしいと父親に請求したら

「高等教育を受けたいなら自分の才覚と自分の稼ぎでいくようにと言ってください」

とピシャリと拒否されて驚いた。

正論かもしれないが、彼自身は二浪した上、親に大学院までやってもらい留学費用も出してもらっていた。その矛盾を彼はどう自分で整理したのか不思議だった。

子どものキャリア形成にとって学歴は大いに影響を与える。また行きたい学校に行けなかったということは子どもの性格形成にも影響し、その後の親子関係にもひびいてくるであろう。

翻って、日本国憲法第二六条は

すべて国民は、法律の定めるところにより、その能力に応じて、ひとしく教育を受ける権利を有する

とある。この趣旨を徹底させるなら学費はすべて国家の負担にすべきだ。親が負担しなくていい。現に北欧諸国などそういう体制をとっているところもある。しかし、日本の場合は教育費か極端に高く、それを国家で支援する割合は極端に低い。そのひずみが離婚した親を持つ子どもたちにいっそう厳しくしわ寄せされているといっていい。

ちなみにひとり親世帯の貧困率はOECD加盟国三五か国の中で日本が最も高い。この最大の原

因は母子世帯の母親の収入が少ないことにある。これを放置すれば貧困家庭の子どもは進学をあきらめざるを得ないことになり、高学歴＝高収入、低学歴＝低収入という親から子への貧困の連鎖を招くことになる。

いま「子ども貧困対策法」を作らなければという議論が巻き起こっているが、母子家庭の母親の就労支援をはじめ給付型奨学金やさまざまな型できめ細かい教育支援を欲しいところだ。

親の経済的負担がもっと軽くなれば、親はもっと自然にのびのびと子どもに愛情を示すことができるのではなかろうか。

## 3――成人後、私の場合

学費といえば、またひとつ思い出したことがある。司法試験に合格して間もない頃だった。郷里に帰って父の仕事を継ぐか（父は税理士をしていた）継がないかと問われた時

「私は東京に残る」と答えたら

「ならばこれまでお前に注ぎ込んだ金を即刻返せ」と父から手紙がきた。確か候文で書いてあった。

金額は一二〇〇万円くらいだったと思う。びっくり仰天した。無論そんな大金があるはずはない。私はその手紙を当時付き合っていたボーイフレンドに見せた。

彼はニヤッと笑って「敵もなかなかやるね」と言った。

ひどい親だとは言わなかった。「金はどうする？」とも言わなかった。真剣で深刻な事態を笑い飛ばしただけだった。私は父に

「東京で頑張って働きたいから、郷里に帰る気はない。ただ受けた恩は身にしみて感じているので、一生かけて少しずつでもお金は払い続けます」みたいな返事を書いた。

妙に冷静な気分で書いた。そして、この時、私はこのピンチを喜劇に変えてくれたボーイフレンドと結婚してもいいかな、と思った。

私の両親は結局離婚しなかった。いがみあいながら父は六八歳で母は九三歳で死んだ。

「大きくなったら両親を離婚させてあげよう、それが私の親孝行だ」と思い定めて育った私に出番はなかった。だが、父にさしたる遺産はなかったので、父の死後三五年間私が母を扶養することとなった。その時つくづく「手に職をつけておいてよかった」と思った。

今、七〇余年を生きてそういう家庭で育てられたことが自分自身の人格形成にどう影響したのだろうかと振り返ってみるが、損したのか、得したのかよくわからない。ただ弁護士という、人のトラブルを扱う仕事をしているとクライアントが人と争ってひどく傷ついているような時、「ウン、

わかる、わかる。じつは私も……」などとシンパサイズできるのは、かなり得をしているのではないかという気もする。

そう言えば母が寝たきりになって死期が近いと感じた時、私は母の前婚の息子の居場所を調査し、その資料をつねに机の抽出しに入れておいた。昔、父に殴られたり、罵られたりした時、母はその息子の所へ逃げ、深夜こっそり戻ってきたことがたびたびあった。そのことを母はまったく秘密にしていたが、私はなんとなく雰囲気で察していた。もしも母が死にぎわにその息子にひと目会いたいと言ったらどうしよう、すぐにでも連絡がつくようにしておかなければ……と思って密かに準備をしておいたわけだ。だが、結局母は何も言わなかった。私の心配は杞憂に終わった。死後も私は彼に連絡しなかった。かえって迷惑だろうと思ったからだ。だが、ついこんな余計な心配をしてしまうのも、私が半世紀以上前の両親の有り様をまだ引きずって世話係をやっているんだと思うと可笑しくなってしまった。

「真の子ども時代がない」子どもだったことが、自分の人格形成にどんな影響を及ぼしているのか、未だによくわからない。

W氏だったらどう分析するだろうか。

# 血縁をこえて

人間とは弱いものである。

ＤＶ家庭で育った息子が結婚する。彼は「明るい楽しい家庭を築いていこう。妻や子に怒鳴ったり暴力をふるったりは絶対しない。優しい夫に、優しい父になろう」と決意する。その決意は嘘ではない。ＤＶを心から憎み真剣に決意する。だが、夫婦喧嘩になったり、子どもが父親の言うことを聞かなかったりするとつい手がでてしまう。暴力に及ぶ。なぜなのか。それは彼がトラブルを解決する手段として、ほかにどうしていいか思いつかない。暴力によって相手を黙らせるという手段を子どもの頃から刷り込まれ、すっかり学習させられてきてしまったからだ。そのドグマから脱け出せない。精神的にピンチになると、つい父親と同じことをしてしまう。人間とはじつに弱いものである。

しかし人間とは強いものでもある。ジュディス・ウォラースタインの二五年にわたる離婚家庭の子どもの追跡調査を読むと、荒れた家庭に育った子どもたちが苦労しながらも、遠回りをしながらも立派な大人になっていくケースが幾つかうかがえる。本書でもそうした例を紹介した。

もっと大きくいえば第二次世界大戦中、ナチスにいじめられ最後は死に追いやられた少女アンネ・

フランクは、虐待にもめげず日記を書き続けた。その日記があればこそ第二次世界大戦後、イスラエルという国ができた。もしもアンネが居なかったら、もしもアンネが日記を書き遺さなかったら、未だにイスラエルという国は地球上に存在しなかったかもしれない。

人間は弱いものではあるが、それでも子どもたちは無限の可能性と無限大のパワーを持っている。それを存分に発揮させるのは大人の役目だ。自分の子であろうと他人の子であろうと、血がつながっていようといまいと格段の違いはない。そう思い定めて、大人が子育てにかかわっていく時、新しい未来が拓けてくるのではあるまいか。

この本ではあえて「普通の家庭ではない家庭」「人並みではない養育環境」にある大人たちや「良い子ではない」子どもたちを登場させた。

読者がその目線に立って現代の家庭や社会を捉え直し未来へのヒントを見つけてくれればと願っている。

二〇一四年一月一〇日　渥美雅子

## 家族問題研究会から未来の子どもたちへ

この本の執筆者は全員「家族問題研究会」の会員である。家族問題研究会とは、いつ、どういうきっかけで始まった会なのか、もはや誰も定かには思い出せない。とにかく三十年以上前から月に一回渥美雅子さんの法律事務所に集まって、会員の誰かがレポーターになり一時間半程度議論をする。あとは一杯やりながら談論風発。

会員は大学教授、弁護士、調停委員、家庭裁判所調査官、医師、教師、ケースワーカー等々。みな何がしか家族に関する興味と関心と若干の知識を持つ者ばかり二十人程度。こうした学際的な集まりで、異業種の発想を知ることは意外におもしろく、会員は増えもせず減りもせず、今日まで続いてきた。

とはいえ、三十年以上続けてきたので、みなそれだけ年をとった。ハッと気づいたら後期高齢者がぞろぞろ。

「これはいかん、ここらあたりでわれわれの議論の成果を世に問おうではないか。子捨て、子殺し、児童虐待などが頻発する今日、子ども目線に立って新しい子育てのありようを提言しようではないか」と誰かが言い出し、志も高く筆をとったのが一年前。

志は高くても筆はなかなか進まず、それでも何とか上梓にこぎつけたのでホッとしているところである。

決してジジババのくりごとにはしたくない。年寄りの冷や水にもしたくない。

二一世紀を生きてゆく子どもたちへ贈る手紙のつもりである。

大塚喜一

●編著者・執筆者紹介

**渥美雅子**［あつみ・まさこ］

一九六三年中央大学法学部卒業。六六年より弁護士として活躍。家族、相続、DV、子どもなどの問題を得意とし、人生相談の回答者として柔軟な考え方と歯切れのよい回答で人気を博す。男女共同参画社会づくり功労者内閣総理大臣表彰受賞（2005）。

女性と仕事の未来館長（2003-11）をへて、現在はNPO法人「DV被害者支援促進のための基金」理事長、NPO法人「高齢社会をよくする女性の会」監事ほかを兼任。

著書は『たそがれ法律相談』（講談社 2004）、『子宮癌のおかげです』（工作舎 2003）、『熟年のための法律相談』（岩波書店 2000）ほか多数。

**大塚喜一**［おおつか・よしかず］

一九三二年千葉県に生まれる。中央大学卒業後、高知・前橋・大阪地方裁判所判事補をへて弁護士登録。

千葉県弁護士会長・調停協会長・NPO法人「被害者加害者対話の会運営センター」理事長などを歴任。

千葉大学腸チフス事件、加藤オウム事件など刑事弁護専門。趣味は短歌（結社「万象」同人）、郷土史研究。

**中川良延**［なかがわ・よしのぶ］

千葉大学名誉教授。「養子と里親を考える会」元理事。同会一員として、湯浅雍彦編著『里親制度の国際比較』（ミネルヴァ書房 2004）および『要保護児童養子斡旋の国際比較』（日本加除出版 2007）を分担執筆。

**松井美知子**〔まつい・みちこ〕

専業主婦をへて千葉大学大学院博士課程修了（法学博士）。日本成年後見法学会、日本消費者法学会所属。二十年余にわたる消費生活相談員（市原市＆千葉市消費生活センター）としての活動により、消費者庁「ベスト消費者サポーター章」受章（2013）。和洋女子大学、明海大学、千葉経済大学短期大学部の非常勤講師。千葉家庭裁判所家事調停委員、四街道市男女共同参画審議会委員。

**深沢 實**〔ふかさわ・まこと〕

慶應義塾大学法学部卒業。サントリー勤務、千葉家庭裁判所調停委員・参与員などをへて、現在、公益法人「千葉ファミリー相談室（ＦＰＩＣ）」、ＮＰＯ法人「被害者加害者対話の会運営センター」、「千葉少年友の会」などに所属。

**山田由紀子**〔やまだ・ゆきこ〕

一九七三年、早稲田大学卒業。七九年より千葉県にて弁護士。八六年から日本弁護士連合会子どもの権利委員会に所属し、同委員会副委員長・委員長などを歴任。九八年から九九年まで、日弁連の推薦によりニューヨーク大学に留学。二〇〇一年に「被害者加害者対話の会運営センター」を開設し、〇四年にＮＰＯ法人化、〇六年から同会理事長。

# 家族をこえる子育て——棄児・離婚・DV・非行……を救うセーフティネット

発行日——二〇一四年二月一五日
編著者——渥美雅子
執筆者——大塚喜一＋中川良延＋松井美知子＋深沢 實＋山田由紀子
アート・ディレクション——宮城安総
エディトリアル・デザイン——小倉佐知子
カバーイラストレーション——ナツコ・ムーン
印刷・製本——株式会社精興社
発行者——十川治江
発行——工作舎 editorial corporation for human becoming
〒169-0072 東京都新宿区大久保2-4-12 新宿ラムダックスビル12F
phone：03-5155-8940 fax: 03-5155-8941
url：http//www.kousakusha.co.jp e-mail：saturn@kousakusha.co.jp
ISBN978-4-87502-455-2

## 「はかる」と「わかる」

◆堀場製作所コーポレート・コミュニケーション室＋工作舎＝編
ミカンを揉むと甘くなる?　お肌はどうして弱酸性?　地球規模で、身近な暮らしの中で測って、知ること、わかることが満載。分析にまつわる歴史、その最先端技術までわかりやすく紹介。
●四六判●256頁●定価　本体1200円＋税

## エネルギー自立型建築

◆丹羽英治＝監修・著
再生可能エネルギー等により建築物のエネルギー収支ネット・ゼロを実現する建築「ZEB」の基本概念とアプローチ方法を提案。日建設計グループのシンクタンク、NSRI選書第1弾。
●B6判変型●208頁●定価　本体1200円＋税

## 有機農業で世界を変える

◆藤田和芳
社長の藤田氏がニューズウィーク日本版で「世界を変える社会起業家100人」に選ばれるなど注目を浴びる「大地を守る会」。社会的企業として歩んできた35年を綴る。立松和平との対談収録。
●四六判上製●232頁●定価　本体1800円＋税

## 貢献する心

◆谷川多佳子＋上田紀行ほか
他者を思いやり、助けることに喜びを見出す生物、ヒト。野生生物にはない「貢献心」をめぐり、文化人類学の上田紀行、進化生物学の長谷川眞理子、作家の瀬名秀明ら6名が語り合う。
●四六判変型上製●196頁●定価　本体1400円＋税

## 子どもの神秘生活

◆ロバート・コールズ　桜内篤子＝訳
ピュリッツァー賞受賞の児童心理学者による世界の子どもたちの心のフィールドワーク。ホピ族の少女をはじめさまざまな境遇の子どもたちが一瞬見せる内面は深く、純粋。
●四六判上製●376頁●定価　本体3800円＋税

## ハンズ・オンは楽しい

◆染川香澄＋吹田恭子
博物館でお買い物ごっこをしたり、ヘビにさわる!?　欧米で話題の、こどものペースで楽しみながら学ぶ「こどもの博物館」を紹介。こどもの感性をひらくヒントがいっぱい。
●四六判●244頁●定価　本体1800円＋税